CARO,

Che l'Onnipotente benedica te e la tua famiglia con la sua benedizione.

Storie Di Profeti
Pubblicato da Editori Hidayah

Copyright © 2022 Hidayah Publishers

Tutti i diritti riservati. Nessuna parte di questo libro può essere riprodotta in qualsiasi forma senza il permesso dell'editore, ad eccezione di quanto consentito dalla legge sul copyright degli Stati Uniti.

ISBN: 978-1-990544-61-3

STORIE DEI PROFETI

Profeta Adam (A.S)

Profeta Nuh (A.S)

Profeta Ismael (A.S)

Profeta Yusuf (A.S)

Profeta Yunus (A.S)

Profeta Musa (A.S)

Profeta Salomone (A.S)

Profeta Isa (A.S)

Profeta Muhammad (S.A.W.W)

PROFETA
ﷺ ～ ﷺ
ADAM

PROFETA ADAMO

(LA PACE SIA CON LUI)

Dal Cielo Alla Terra

Molto tempo fa, Allah$^{(S.W.T)}$ ha creato questo Universo. Questo Universo è stato creato con numerosi corpi celesti e sette cieli. Tra questi, Allah ha creato molte specie ed esseri. A quel tempo, la Terra era dominata dai Jinns, e i cieli erano pieni di Angeli obbedienti. Ma indipendentemente da queste innumerevoli creature, Allah decise di creare un essere vivente speciale. Un essere che supererà tutti i gradi nella conoscenza rispetto alle altre creature.

Così, chiese ai suoi angeli di raccogliere l'argilla dalla terra. Gli Angeli obbedienti raccolsero l'argilla e Allah fece con essa una figura umana e lo chiamò Adamo$^{(A.S)}$.

Ma la figura non si è mossa per quarant'anni. È rimasta ferma lì. Quando Iblees, che all'epoca era come un maestro degli Angeli, vide questa figura, era confuso e spaventato.

Dopo quarant'anni, Allah$^{(S.W.T)}$ ha respirato il suo spirito in Adamo$^{(A.S)}$. Quando lo spirito raggiunse la testa della figura. Ha starnutito. Quando lo spirito ha raggiunto i suoi occhi, ha visto tutto il cibo stupefacente che giaceva in giro. Poi lo spirito ha raggiunto il suo stomaco e Adamo$^{(A.S)}$ ha sentito fame. Il Profeta aveva visto i frutti che giacevano in giro, così prima che lo spirito potesse raggiungere le sue gambe, saltò verso la frutta. Adamo$^{(A.S)}$ scese perché non riusciva a muovere le gambe. Allah ha dato ad Adamo$^{(A.S)}$ una vasta conoscenza delle cose. Allah insegnò ad Adamo$^{(A.S)}$ i nomi di ogni animale del Paradiso. Il Leone, la pecora, il cammello, l'elefante, il cane, il pavone e molti altri ancora.

Poi Allah(S.W.T) chiese a tutti gli Angeli, inclusi gli Iblei, di prostrarsi davanti ad Adamo(A.S) in segno di rispetto. Uno ad uno, tutti gli Angeli si prostrarono davanti al Profeta, tranne Iblei.

Iblees disse che era migliore e superiore al Profeta e che era fatto di fuoco. Non capiva la volontà di Allah e si rifiutava di obbedire al comando di Allah.

Allah(S.W.T) si è arrabbiato con questa disobbedienza. Così ha bandito gli Iblei dal paradiso. Da quel giorno, Iblees fu chiamato "il Satano/Shaitaan" e fu gettato all'inferno. Ora era un emarginato. Shaitaan era ora furioso con gli umani perché era stato bandito dal paradiso a causa loro. Giurò di vendicarsi ingannando gli umani sulla via di Allah.

Allah(S.W.T) disse al Profeta Adamo(A.S) che gli fu permesso di mangiare tutti i frutti del giardino tranne uno. Allah disse al Profeta che non avrebbe dovuto mangiare i frutti dell'albero della conoscenza, come era proibito. Passò la maggior parte del suo tempo a giocare con gli animali in Paradiso. Dopo alcuni anni, il profeta si sentì solo, perché non c'erano altri esseri umani in Paradiso. Allah(S.W.T) lo vide e così decise di dare una moglie ad Adamo(A.S).

Una notte, mentre il Profeta dormiva, Dio creò la prima donna, Hawwa (Eva). Quando il Profeta si svegliò, fu felice di vedere la donna. La sua solitudine se ne andò immediatamente.

Adam(A.S) ha chiesto: "Chi sei?"

"Allah mi ha creato, perché possiate trovare con me la vostra pace e la vostra tranquillità", rispose.

Allah^(S.W.T) disse loro: "Mangiate da questo paradiso, tutto ciò che desiderate". Entrambi vissero felici in Paradiso per quarant'anni. Ma Allah^(S.W.T) li ha avvertiti di non avvicinarsi nemmeno a quell'"Albero proibito".

Erano passati molti anni. Così Shaitaan sapeva che il Profeta doveva aver dimenticato le parole di Allah. Shaitaan era ancora arrabbiato con gli umani. Entrò a Jannah e li ingannò per farli mangiare da quell'albero, giurando falsamente su Allah. Shaitaan disse che se mangiate da quell'albero, diventerete come gli Angeli. Diventerete immortali. Pensateci.

Adam^(A.S) non ha mai sentito nessuno mentire in vita sua, quindi ci sono cascati entrambi. Il Profeta e sua moglie hanno colto il frutto senza saperlo e hanno iniziato a mangiarlo. Ma prima ancora di poter finire di mangiare la frutta, sapevano di aver commesso un grave peccato. Ora sono pieni di dolore, tristezza e vergogna. Si sono resi conto di essere nudi. Perché correvano a coprirsi di foglie. Ora erano davvero spaventati, perché sapevano che Allah li avrebbe puniti per la loro disobbedienza.

Allah^(S.W.T) ha detto: "Non ti avevo avvertito di non mangiare da questo albero? Che lo Shaitaan è il tuo nemico aperto".

Dissero: "O Signore nostro! Abbiamo fatto un torto a noi stessi. E se non hai pietà di noi, se non ci perdoni, allora saremo dei perdenti".

Si sono resi conto del loro errore, ma era troppo tardi. E ora dovevano sopportare quello che gli sarebbe successo. Così, sono stati mandati sulla

Terra. Sono scesi sulla Terra in luoghi separati. E così, hanno iniziato la ricerca dell'uno e dell'altro. Hanno fatto conoscenza, si sono trovati sulla montagna di Arafat. Lì hanno rinnovato la loro vita sulla Terra. Finalmente si stabilirono vicino a un fiume.

Il profeta sapeva che la vita sulla Terra sarebbe stata molto difficile. Doveva costruire una casa per farli vivere. Doveva lavorare sodo per sfamare la sua famiglia. Ora non avevano più i piaceri che godevano in Paradiso.

Dopo qualche anno, Hawwa ha dato alla luce due gemelli, un maschio e una femmina. Hanno chiamato il ragazzo 'Qabil'. Qabil non era molto bello, mentre la sorella gemella di Qabil era bellissima. Più tardi, Hawwa diede alla luce un altro gemello; di nuovo, un maschio e una femmina. Questa volta, chiamano il ragazzo 'Habil'. Habil era un po' più bello, ma la sua sorella gemella non era così attraente.

Sia Habil che Qabil sono cresciuti. Qabil si dedicò all'agricoltura, al lavoro nei campi e alla coltivazione. Quando Habil è cresciuto, è diventato un pastore e si è preso cura delle pecore. Quando Habil e Qabil crebbero e diventarono adulti, il profeta Adamo[A.S] decise di farli sposare. Poiché non c'erano altre femmine sulla Terra, il Profeta decise di far sposare Qabil con la sorella gemella di Habil e Habil con la sorella gemella di Qabil.

Qabil non era felice perché la sorella di Habil non era così bella. Voleva sposare la sua stessa sorella. Ci fu una discussione, così il profeta Adamo[A.S] li riunì e risolse la questione offrendo un sacrificio ad Allah[S.W.T]. Si è deciso che colui il cui sacrificio è stato accettato, sposerà la sorella di Qabil.

Habil raccolse le pecore migliori e più belle del suo gregge e le offrì in sacrificio ad Allah(S.W.T). Ma Qabil non voleva offrire la migliore frutta e verdura come sacrificio. Invece, ha scelto le verdure e i cereali cattivi per il sacrificio. Allah(S.W.T) accettò il sacrificio di Habil ma rifiutò quello fatto da Qabil. Il Profeta Adamo(A.S) era presente quando fecero i loro sacrifici e fu deciso che Habil avrebbe sposato la sorella di Qabil. Qabil non era affatto contento. Era così arrabbiato che voleva uccidere Habil.

Un giorno Habil tornò a casa in ritardo e il Profeta chiese a Qabil di cercarlo. Qabil andò a cercare Habil nei campi. Finalmente trovò Habil che camminava verso casa. Qabil era ancora arrabbiato con Habil.

"La tua offerta è stata accettata, ma la mia no." Detto da Qabil.

Habil rispose: "Allah(S.W.T) accetta solo da coloro che Lo temono".

Qabil si è arrabbiato a sentirlo, e ha preso una pietra per colpire Habil. Habil lo vide e anche se era più grande e più forte di Qabil, la pietà di Habil verso Allah(S.W.T) lo fermò. Disse: "Anche se allunghi la mano per uccidermi, non allungherò mai la mano per farti del male perché temo Allah".

Questo commento ha fatto arrabbiare ulteriormente Qabil, che lo ha colpito con la pietra uccidendolo all'istante. Quando Qabil si è reso conto che Habil era morto, era terrorizzato e non sapeva cosa fare. Non voleva che suo padre sapesse cosa aveva fatto. Così ha cominciato a pensare a come nascondere il suo peccato. Qabil ha vagato da un posto all'altro con il cadavere di Habil, cercando di nasconderlo. Fu allora che vide due corvi che combattevano tra loro. Durante la lotta, un corvo ha ucciso l'altro e il morto è caduto.

Il corvo vittorioso ha graffiato e scavato una buca nel terreno. Ha seppellito il corvo morto nella buca. Poi riempì la buca di fango. Questo diede l'idea a Qabil, e come i corvi, scavò una buca nel terreno e vi seppellì il corpo di suo fratello.

Questa è stata la prima sepoltura di un uomo. Qabil si vergognava di ciò che aveva fatto. Si pentiva, ma non si pentiva. Non chiese perdono ad Allah(S.W.T). Shaitaan lo aveva conquistato e sapeva che non poteva più tornare dalla sua famiglia.

La notizia è arrivata prima alla madre, Hawwa. Poi ha iniziato a piangere. Il profeta Adamo(A.S) sapeva cosa era successo e ha pianto la perdita di suo figlio. Aveva perso entrambi i suoi figli; uno era morto e Shaitaan aveva ingannato l'altro. Mise in guardia gli altri figli da Shaitaan e chiese loro di obbedire sempre ai comandi di Allah(S.W.T).

Il profeta Adamo(A.S) era invecchiato e i suoi figli lo amavano molto. Quando il profeta Adamo(A.S) si rese conto che la sua morte era vicina, nominò Seth(A.S) come successore della sua famiglia.

Disse ai suoi figli: "O figli miei, anzi, sento un appetito per i frutti del Paradiso".

Così, se ne andarono alla ricerca di ciò che Adam(A.S) aveva richiesto. Si incontrarono con gli angeli, che avevano con loro la sua coperta e ciò che doveva essere imbalsamato.

Gli angeli dissero loro: "O figli di Adamo, cosa cercate? Che cosa cercate? Dove andate?

Hanno detto: "Nostro padre è malato e ha un appetito per i frutti del Paradiso".

Gli angeli dissero loro: "Tornate indietro, perché vostro padre incontrerà presto la sua fine".

Così, sono tornati con gli angeli. Quando Hawwa li vide, li riconobbe. Cercò di nascondersi dietro Adamo(A.S).

"Lasciami in pace. Sono venuto prima di te; non metterti tra me e gli angeli del mio Signore". Egli disse.

Poi, l'Angelo della Morte stava accanto a lui. Radunò i suoi figli sul letto di morte e gli ricordò di dire,

"Allah(S.W.T) vi invierà dei Messaggeri. Egli non vi lascerà soli. I profeti avranno nomi, tratti e miracoli diversi, ma saranno uniti in una cosa sola, il loro messaggio sarà uno solo: la chiamata ad adorare Allah da solo, colui che vi ha creati. E di stare lontano dallo Shaitaan. Il peccato più grande che si può commettere è quello di associare un partner al creatore".

Dopo aver ricordato ai suoi figli, l'Angelo della Morte gli ha portato via l'anima. È morto in pace. Era felice di andarsene perché sapeva che sarebbe tornato ad Allah(S.W.T). Come disse il Profeta Muhammad(P.B.U.H.): "Il dono di un vero credente è la morte".

I suoi figli lo imbalsamarono e lo avvolsero, scavarono la tomba e lo depisero. Pregarono per lui e lo misero nella sua tomba, dicendo:

"O figli di Adamo, questa è la vostra tradizione al momento della morte".

Profeta Nuh

(La Pace Sia Con Lui)

Quando Le Inondazioni Annegarono Tutta L'umanità Sulla Terra

Allah⁽ˢ·ᵂ·ᵀ⁾ ha mandato sulla terra il profeta Nuh (Noè)⁽ᴬ·ˢ⁾, mille anni dopo aver mandato il profeta Adamo⁽ᴬ·ˢ⁾. A quel punto, la popolazione sulla Terra era cresciuta di molte pieghe e ormai il malvagio 'Shaitaan' aveva giocato i suoi sporchi scherzi all'umanità e aveva fatto sì che la gente iniziasse ad adorare gli idoli. Fu durante questo periodo che Allah⁽ˢ·ᵂ·ᵀ⁾ inviò un altro Profeta sulla Terra.

Il Profeta Nuh⁽ᴬ·ˢ⁾ ha guidato il popolo all'adorazione di un solo Dio, Allah⁽ˢ·ᵂ·ᵀ⁾, ma non sarebbe un lavoro facile per il Profeta. Nuh⁽ᴬ·ˢ⁾ è stato un eccellente oratore e un uomo molto paziente. Egli indicò al suo popolo i misteri della vita e le meraviglie dell'universo. Ha fatto notare come la notte sia regolarmente seguita dal giorno e che l'equilibrio tra questi opposti è stato progettato da Allah l'Onnipotente per il nostro bene. La notte dà freschezza e riposo, mentre il giorno dà calore e risveglia l'attività. Il sole favorisce la crescita, mantenendo in vita tutte le piante e gli animali, mentre la luna e le stelle aiutano a calcolare il tempo, la direzione e le stagioni. Egli ha sottolineato che la proprietà dei cieli e della terra appartiene solo al Divino Creatore.

Perciò, spiegò a questo popolo, non può esserci stata più di una divinità. Chiarì loro come il diavolo li aveva ingannati per così tanto tempo e che era giunto il momento di porre fine a questo inganno. Nuh⁽ᴬ·ˢ⁾ parlò loro della glorificazione dell'uomo da parte di Allah, di come LUI lo aveva creato e gli aveva fornito il sostentamento e le benedizioni di una mente. Disse loro che l'adorazione degli idoli era un'ingiustizia soffocante per la mente. Li avvertì di non adorare nessuno all'infuori di Allah e descrisse la terribile punizione che Allah avrebbe inflitto loro se avessero continuato nelle loro malvagità.

"Temete Allah e fate quello che Allah dice", gridò il Profeta a tutti.

Ma la gente non voleva ascoltare. Scuotevano la testa e continuavano ad adorare gli idoli. Il Profeta era un eccellente oratore, e anche lui era molto paziente.

"Non capite che è stato Allah a creare questo mondo intero?" gridò il Profeta. "È stato Allah che ha creato il Sole, la luna e le stelle che vedete nel cielo". Egli ha creato i fiumi, le montagne, gli alberi e tutto ciò che vedi intorno. Ha fatto tutto questo per voi, e solo per voi. Allora perché non gli mostri alcun rispetto? Perché veneri questi idoli?".

Ma la gente gli ha voltato le spalle dicendo,

"Eh! Chi sei tu per consigliarci? Sei solo un altro uomo. E noi pensiamo che tu stia mentendo. Vattene e lasciaci in pace!"

Ma c'erano anche dei buoni musulmani sulla Terra, ma la maggior parte di loro erano deboli e poveri. Ascoltavano le parole del Profeta e si rendevano conto che commettevano un peccato adorando gli idoli.

Ora, c'erano due diversi gruppi di persone sulla terra: uno che adorava Allah$^{(S.W.T)}$ e gli altri che continuavano ad adorare l'idolo.

Nuh$^{(A.S)}$ ha continuato a predicare al popolo per molti anni. Gli adoratori degli idoli si stancarono presto della predicazione del Profeta.

"Hai predicato menzogne abbastanza a lungo", hanno detto, "Ti lapidiamo se non ti fermi".

Ma il Profeta li ignorò e continuò a chiamare il popolo instancabilmente verso Allah. Predicava loro durante il giorno e la notte. In molte occasioni, gli adoratori degli idoli lo lapidavano mentre predicava alla folla. Lo picchiavano anche con i bastoni.

"Non siete diversi da noi" gridavano gli adoratori degli idoli. "Tu non sei un profeta. Sei solo un altro uomo. E perché dovremmo ascoltarti?".

"Vi sto dicendo la verità", disse loro il Profeta. "Voi commettete un peccato adorando gli idoli".

"Ho paura per te! Un giorno Allah vi punirà", gridò loro il Profeta.

Ma la gente non si vergognava. Dicevano: "È uno sciocco, non ascoltarlo".

Tutto questo dolore non ha permesso al Profeta Nuh(A.S) di smettere di chiamare il popolo. Ha continuato a predicare a loro per novecentocinquant'anni. I miscredenti continuavano a prendere in giro il Profeta e ormai si erano spinti troppo oltre. Nuh(A.S) era deluso, mentre il numero dei miscredenti continuava a crescere e a crescere. Una sera, quando il Profeta offriva i suoi giocatori, Allah(S.W.T) gli parlò.

"Non essere triste, Nuh."

"Avete fatto ciò che vi è stato chiesto di fare. Punirò tutte le persone sulla Terra per le loro malefatte. Tutti sulla Terra moriranno, tranne i credenti e gli animali" diceva Allah(S.W.T).

Come primo passo, Dio chiese al Profeta di piantare diversi alberi. Nuh(A.S) non capì il motivo di questa richiesta, ma ascoltò Allah e iniziò a piantare alberi come gli era stato detto. Chiese anche ai credenti di ascoltarlo e di fare lo stesso. Lo hanno fatto per più di cento anni.

Dopo molti anni, Allah(S.W.T) ha comandato di nuovo il Profeta. Questa volta, chiese al Profeta di iniziare a costruire una nave. Deve essere una nave gigantesca che possa ospitare una coppia di ogni animale della Terra.

Il Profeta era confuso perché non sapeva come costruire una nave, perché nessuno l'aveva mai costruita prima. Nonostante ciò, il Profeta iniziò a costruirla con l'aiuto dei suoi discepoli. Per prima cosa, fecero dei piani per costruire la nave. Alcuni dicono che aveva una lunghezza di seicento piedi, altri dicono che aveva una lunghezza di ventiquattrocento metri. Qualunque cosa fosse, la nave sarebbe stata sicuramente gigantesca.

"Vi aiuteremo a costruire la nave", dissero i suoi figli e i credenti, e si unirono al Profeta. Per prima cosa, il profeta dovette scegliere un luogo per costruire la nave. Scelse le montagne lontane dalla città. Il Profeta raccolse gli strumenti e si mise in cammino per costruire la nave. Iniziarono ad abbattere gli alberi per la legna. Sì! Erano gli stessi alberi che aveva piantato più di cento anni prima. Poi iniziarono a costruire la nave secondo il piano. Gli uomini lavorarono duramente, giorno e notte, per costruire la nave.

Quando i miscredenti li hanno visti costruire una nave sulla cima di una montagna, hanno iniziato a prendersi gioco di loro.

"Haha! Sei proprio un vecchio pazzo", hanno detto. "Perché mai avresti bisogno di una nave così enorme?", disse l'altro. "E come la porterai al mare?"

"Lo saprete molto presto", rispose il profeta Nuh(A.S). La gente non sapeva perché il Profeta stava costruendo la nave. Pensavano che avesse perso la testa.

Il Profeta e i suoi uomini hanno continuato a lavorare sodo. Dopo molti mesi, la nave era finalmente pronta. Ringraziarono Allah(S.W.T) per averli aiutati a finire la nave. L'ora del diluvio si avvicinava giorno dopo giorno. Una notte, Allah disse al Profeta che avrebbe iniziato a inondare la terra il giorno in cui il Profeta avrebbe visto l'acqua uscire dalla stufa della sua casa.

Questa enorme nave costruita dal Profeta aveva tre sezioni diverse. È per diversi tipi di animali. La più alta era per gli uccelli. La seconda parte della struttura era per gli esseri umani, e la terza parte era per gli animali.

Con l'avvicinarsi del giorno dell'alluvione, gli animali e gli uccelli cominciarono ad arrivare uno ad uno. Arrivavano a coppie, un maschio e una femmina. C'erano elefanti, giraffe, leoni, leoni, conigli e diverse specie di uccelli. Presto la nave si riempì di tutta la varietà di animali e uccelli della terra.

Un giorno, come Allah(S.W.T) aveva detto al Profeta Nuh(A.S), l'acqua cominciò improvvisamente a uscire dai fornelli della sua cucina. Questo era il segno che Nuh(A.S) stava aspettando. Capì che era arrivato il momento del diluvio. Quando uscì, vide che anche lui aveva iniziato a piovere. Non perdendo tempo, corse fuori e chiamò tutti i credenti che lo avevano aiutato a costruire la nave. Chiese a tutti loro di salire a bordo della nave in una sola volta.

I miscredenti non capivano cosa stava succedendo. Così, continuavano a ridere del Profeta e dei suoi discepoli.

"Guardate questi pazzi!", dicevano. "Cosa ne farà di tutti quegli animali e di tutte quelle persone?"

Il Profeta li ignorò e chiese alle mogli e ai figli di salire rapidamente a bordo della nave. Tutti gli obbedirono, tranne una delle sue mogli e suo figlio, che non sono suoi seguaci.

"Mi salverò dall'acqua", disse suo figlio. "Non preoccuparti per me".

Il livello dell'acqua è ormai salito. Così, il Profeta Nuh$^{(A.S)}$ corre a bordo della nave. È scoppiata una terribile alluvione e il livello dell'acqua è salito rapidamente. La crosta terrestre si è mossa e il fondo dell'oceano ha iniziato a salire, causando l'inondazione delle terre emerse. Anche la pioggia non si è fermata per ore.

A quel punto, la gente si era già resa conto che ciò che il Profeta aveva detto loro era certamente vero. Corrono verso le montagne per salvarsi. Il Profeta vide che sua moglie e suo figlio, salendo su una montagna per fuggire dall'acqua. Così, gridò loro,

"Andiamo! Salite a bordo della nave! Salvati!"

Ma lo ignorarono e salirono in cima alla montagna. Poi un'onda enorme, più grande della montagna su cui si trovavano, arrivò e li colpì. Queste enormi onde spazzarono via e uccisero tutti i miscredenti. L'acqua continuava a salire e a salire, e dopo qualche tempo la Terra si riempì completamente d'acqua.

Poi il profeta Nuh$^{(A.S)}$ ha detto "Bismillah!

Quando il Profeta pronunciò queste parole, la nave cominciò a muoversi. Le piogge si erano ormai fermate, ma l'intera Terra era piena d'acqua. Il Profeta sapeva che doveva continuare a navigare per molto tempo. La nave aveva ottanta persone a bordo e il Profeta aveva preso precauzioni per conservare cibo a sufficienza per le persone e gli animali. Allah$^{(S.W.T)}$ aveva pianificato tutto. Egli rese la nave adatta alle pecore silenziose e al leone violento. Tutti gli animali violenti erano afflitti da qualche malattia.

Tutti loro vivevano insieme, ma il Profeta ha dovuto affrontare molti problemi a causa dei topi. Correvano ovunque su e giù, mordicchiando qua e là. Erano davvero loro a creare problemi, così il Profeta pregò Dio e fu allora che Allah creò i gatti.

I gatti hanno cacciato i ratti e dopo un po' di tempo anche i ratti hanno iniziato a comportarsi bene. Era difficile da sostenere con tutte le altre specie nello spazio ristretto di una nave, ma Allah$^{(S.W.T)}$ ha risolto molti problemi che il Profeta Nuh$^{(A.S)}$ ha dovuto affrontare durante il viaggio.

Hanno navigato per circa centocinquanta giorni ma non sono riusciti a trovare terra da nessuna parte. Il Profeta, insieme ai credenti, aspettò e aspettò per molti giorni. Nuh$^{(A.S)}$ decise allora di inviare un grosso corvo per vedere se riusciva a trovare terra da qualche parte, ma il corvo non tornò affatto. Poi il Profeta mandò una colomba in cerca della terra. La colomba volò via e dopo qualche giorno, tornò con un ramo d'ulivo nel becco.

Il Profeta e i suoi discepoli erano entusiasti, poiché sapevano di essere vicini alla terra. La nave navigò ancora per qualche tempo e finalmente raggiunse la cima del "Monte Judi".

Nuh(A.S) ha detto 'Bismillah!' e la nave ha smesso di muoversi. Con l'emissione del comando divino, la calma tornò sulla terra, l'acqua si ritirò, e la terraferma brillò di nuovo ai raggi del sole. Il diluvio aveva purificato la terra dai miscredenti e dai politeisti.

Dopo aver viaggiato per oltre centocinquanta giorni, il loro viaggio era finalmente giunto al termine. Il Profeta e gli altri credenti uscirono dalla nave. E la prima cosa che fece fu di mettere la fronte a terra in prostrazione. Il Profeta liberò per primo tutti gli animali, gli uccelli e gli insetti nella terra. I sopravvissuti accesero un fuoco e si sedettero intorno ad esso. Accendere un fuoco era stato proibito sulla nave per non dare fuoco alla legna della nave e bruciarla. Nessuno di loro aveva mangiato cibo caldo per tutto il periodo del pavimento. Dopo lo sbarco ci fu un giorno di digiuno grazie ad Allah(S.W.T).

Sono usciti e hanno di nuovo popolato la Terra. Quello fu un nuovo inizio per la razza umana e la Terra ricominciò a popolarsi.

"Tranne quelli che sono pazienti e compiono azioni giuste; quelli avranno il perdono e una grande ricompensa". [Hud 11:11]

Profeta Ismael

(LA PACE SIA CON LUI)

La Storia del Sacrificio

VERSO LA DESTINAZIONE DISABITATO

Dopo che Allah(S.W.T) ha benedetto il Profeta Ibrahim(A.S) con un bambino, dopo un po' di tempo gli fu ordinato di andare verso un posto con sua moglie e suo figlio. Si svegliò e disse a sua moglie Hajara(R.A) di prendere suo figlio e di prepararsi per un lungo viaggio. Il bambino stava ancora allattando e non era ancora svezzato.

Il Profeta Ibrahim(A.S) camminò attraverso terre coltivate, deserto e montagne fino a raggiungere il deserto della penisola arabica, e arrivò in una valle incolta senza frutti, senza alberi, senza cibo, senza acqua. La valle non aveva alcun segno di vita, ed era un posto molto molto caldo. Dopo che Ibrahim(A.S) ebbe aiutato sua moglie e suo figlio a smontare, li lasciò con una piccola quantità di cibo e acqua che era appena sufficiente per due giorni. Si girò e se ne andò. Sua moglie si affrettò a seguirlo chiedendogli: "Dove stai andando Ibrahim, lasciandoci in questa valle sterile?

Ibrahim(A.S) non le rispose ma continuò a camminare. Lei ripeté quello che aveva detto, ma lui rimase in silenzio. Alla fine, lei capì che lui non stava agendo di sua iniziativa. Capì che Allah gli aveva ordinato di farlo. Gli chiese:

"Allah ti ha ordinato di farlo?" Egli rispose: "Sì". Allora la sua grande moglie disse: "Non ci perderemo, perché Allah che te l'ha ordinato è con noi".

Hajara(R.A) continuò ad allattare Ismaele(A.S) e a bere dall'acqua che aveva. Quando l'acqua della borraccia fu esaurita, lei ebbe sete e anche suo figlio ebbe sete. Cominciò a guardare suo figlio che si dimenava in agonia.

Disse a se stessa: "No, devo fare uno sforzo per cercare del cibo".

Lei lo lasciò, perché non poteva sopportare di guardarlo, e trovò che la montagna di 'As-Safa' era la montagna più vicina a lei in quella terra. Salì sulla montagna e cominciò a guardare intensamente la valle per vedere qualcuno, ma non c'era nessuno fino all'orizzonte.

Poi scese da 'As-Safa' invocando l'aiuto di Allah. Quando raggiunse la valle, si rimboccò la veste e corse nella valle come una persona in difficoltà, finché attraversò la valle e raggiunse la montagna di 'Al-Marwa'. Lì si fermò e cominciò a guardare aspettandosi di vedere qualcuno, ma non poteva vedere nessuno. Pregò Allah per il sostentamento e ripeté quella corsa tra As-Safa e Al-Marwa sette volte.

Il Profeta Muhammad ﷺ disse:

> *"Questa è la fonte della tradizione del Sa'ye, (rituali del Hajj, pellegrinaggio) la corsa delle persone tra le montagne (As-Safa e Al-Marwa)".*

Quando raggiunse Al-Marwa per l'ultima volta, sentì una voce e si chiese di fare silenzio e di ascoltare attentamente.

Sentì di nuovo la voce e disse: "O chiunque tu sia! Mi hai fatto sentire la tua voce; hai qualcosa per aiutarmi?"

Ed ecco! Vide un angelo che scavava la terra con il suo tallone (o la sua ala) finché l'acqua non sgorgò da quel luogo. Dopo aver ringraziato Allah Onnipotente, cominciò a fare qualcosa come un bacino intorno ad esso e cominciò a riempire la sua borraccia. Diceva 'zam-zam', che significa 'fermare l'acqua che scorre'.

Il Profeta Muhammad ﷺ ha detto:

"Che Allah conceda misericordia alla madre di Ismaele! Se avesse lasciato scorrere lo zam-zam senza cercare di controllarlo, o se non avesse raccolto da quell'acqua per riempire la sua pelle d'acqua, lo zam-zam sarebbe stato un torrente che scorre sulla superficie della terra".

Poi bevve dell'acqua e allattò il suo bambino. L'angelo le disse: "Non temere di essere trascurata, perché questa è la Casa di Allah che sarà costruita da questo bambino e da suo padre, e Allah non trascura mai il Suo popolo". La Ka'ba a quel tempo si trovava su un luogo alto che assomigliava ad una collinetta, e quando arrivavano i torrenti, scorrevano alla sua destra e alla sua sinistra.

In quell'epoca, quando le carovane passavano attraverso quei deserti, cercavano gli uccelli come segno della presenza dell'acqua. Così, il clan di 'Jurhum' stava passando vicino a quella valle e notò alcuni uccelli in mezzo al nulla. Non se li aspettavano, probabilmente avevano viaggiato prima e sapevano che in questa regione non c'è acqua.

Decisero di mandare uno dei loro uomini a seguire gli uccelli verso la destinazione dell'acqua. Arrivò vicino alla valle di Makkah e vide Bibi

Hajara^(R.A) con il suo bambino. Tornò dalla sua gente e spiegò la situazione. Erano molto stupiti dalla presenza di acqua zampillante nella valle.

Raggiunsero e chiesero a Bibi Hajara^(R.A): "Ti dispiace se viviamo qui?"

Si è resa conto che queste persone hanno un buon carattere, sono civili e colte.

Disse loro: "Potete vivere qui e beneficiare di quest'acqua come volete, ma è la nostra proprietà, non la vostra. Quest'acqua appartiene a noi".

Fecero della valle il loro luogo di vita ed erano molto felici della generosità di Bibi Hajara^(R.A). Il profeta Ismaele^(A.S) crebbe tra di loro ed essi lo amavano molto. Erano arabi puri, quindi gli insegnarono l'arabo. Nel frattempo, suo padre, il Profeta Ibrahim^(A.S) andava a trovarli occasionalmente. Era molto contento di vedere la gente che viveva in armonia nella valle.

IL TEST DEL SACRIFICIO

Una volta, quando il Profeta Ibrahim(A.S) era a Makkah, fece un sogno.

Ha visto se stesso massacrare suo figlio Ismaele.

Il Profeta Ibrahim(A.S) si trovava in una posizione molto difficile, poiché era una grande prova per il Profeta come padre.

"Massacra tuo figlio". Il comando divino disse.

Il Profeta disse in obbedienza: "O Allah! Abbiamo sentito e obbediamo, indipendentemente da quello che ci ordini".

Sapeva che l'ordine di Allah doveva essere eseguito. Il giorno seguente, il Profeta Ibrahim(A.S) raccontò il sogno a suo figlio.

"O figlio mio, mi è stato detto in sogno da Allah(S.W.T) di sacrificarti. Allora, cosa pensi che dovrei fare?".

Il Profeta Ismaele(A.S) rispose: "O padre mio, fai come Allah ti ha ordinato. Mi troverai tra coloro che sono pazienti".

Questo dimostra l'obbedienza dei Profeti alla volontà di Allah. Un vero cuore che teme Allah e gli obbedisce.

Poi, il Profeta Ibrahim(A.S) portò Ismaele(A.S) lontano da sua madre e cercò un posto per uccidere suo figlio. Lungo la strada, Iblees arrivò e cercò di distogliere Ibrahim(A.S) dall'eseguire l'ordine di Allah.

Iblees disse: "O Ibrahim! Hai davvero intenzione di uccidere il tuo stesso figlio? Hai appena visto un sogno; forse era solo un sogno".

Il Profeta Ibrahim(A.S) prese delle pietre e le lanciò contro di lui. Iblees allora cercò di scuotere la decisione di Ismaele(A.S), così anche lui lapidò Iblees. Questo atto divenne la parte dell'Hajj in cui i musulmani lanciano questi tre diversi lanci, come ricordo che quando si tenta di fare qualcosa per Allah, bisogna essere fermi e forti.

Sia il padre che il figlio trovarono una grande roccia, adatta ad adagiarvi Ismaele(A.S) e a macellarlo.

Ismael(A.S) conosceva l'affetto di suo padre nei suoi confronti, così disse:

"O padre! Fai la mia faccia verso la terra, in modo che se guardi la mia faccia mentre stai macellando, potresti essere sopraffatto dalla compassione e smettere di sacrificarmi. Affila il tuo coltello, così potrai macellarmi velocemente, eseguendo l'ordine di Allah(S.W.T)".

Ora, quando Ibrahim(A.S) prese il coltello, lo mise sul collo di Ismaele(A.S) e cominciò a macellarlo, il coltello girò dall'altra parte. Provò di nuovo, ma il coltello non tagliò la gola di Ismaele(A.S), perché Allah aveva ordinato al coltello di non tagliare.

Il Profeta Ibrahim(A.S) tentò un'ultima volta con tutta la sua forza e il coltello iniziò a tagliare il collo, ma non era il collo del Profeta Ismaele(A.S). Allah(S.W.T) sostituì Ismaele(A.S) con un montone del paradiso. Ibrahim(A.S) guardò e vide che era un montone.

Allah chiamò Ibrahim(A.S):

"O Ibrahim! Tu sei veramente sincero con noi. Ti abbiamo messo alla prova e l'hai superata. Invero, questa era una prova evidente".

Sia il padre che il figlio hanno superato la prova finale.

LA FONDAZIONE DI KA'BA

I giorni passavano. Il Profeta Ibrahim(A.S) rimase lontano da loro per un periodo che Allah desiderava e poi un giorno arrivò un altro ordine da Allah(S.W.T): costruire una casa come simbolo dell'unicità di Allah Onnipotente.

Così, Ibrahim(A.S) andò nella valle di Makkah e vide Ismael(A.S) seduto sotto un albero vicino a Zam-Zam, affilando le sue frecce. Quando Ismael(A.S) vide suo padre, si alzò per accoglierlo, e si salutarono come fa un padre con suo figlio o un figlio con suo padre.

Ibrahim(A.S) disse: "O Ismaele! Allah mi ha dato un ordine".

Ismaele(A.S) rispose: "Fai quello che il tuo Signore ti ha ordinato di fare".

"Mi aiuterai?"

Ismael(A.S) disse: "Sì, ti aiuterò".

Ibrahim(A.S) disse: "Allah mi ha ordinato di costruire una casa qui", indicando una collinetta più alta della terra circostante.

Poi alzarono le fondamenta della casa (la Ka'ba). Il Profeta Ismaele(A.S) portò le pietre mentre il Profeta Ibrahim(A.S) costruì le mura. Quando le mura divennero alte, Ismaele(A.S) portò una pietra e la mise per Ibrahim(A.S), che vi rimase sopra e continuò a costruire. Quando le mura divennero ancora più alte, Allah(S.W.T) fece sì che la pietra su cui Ibrahim(A.S) stava in piedi, si sollevasse quando si metteva la pietra e scendesse quando Ibrahim(A.S) doveva prendere un'altra pietra.

Mentre Ismael(A.S) gli porgeva le pietre, entrambi dicevano:

"E quando Ibrahim fondò con Ismael le basi della Casa e disse: 'Nostro Dio, accettala da parte nostra; in verità Tu sei l'Ascoltatore, il Sapiente!'" (Ch 2:127-Qur'an)

E quando la casa fu costruita, rimase un angolo per fissare una pietra. Ibrahim(A.S) pensò tra sé e sé,

"Ho dovuto mettere una roccia adeguata in questo angolo che si adatta e completa il muro".

Ismael(A.S) andò a cercare la roccia ma non riuscì a trovarla. Quando tornò, vide una bella roccia.

Ibrahim(A.S) disse: "Allah mi ha mandato una roccia da Jannah".

Questa è la roccia che oggi chiamiamo "Al-Hajar Al-Aswad". All'epoca era bianca, ma è diventata nera a causa dei peccati della gente.

Con il tempo, la civiltà e gli insediamenti cominciarono ad avere luogo nella valle di Makkah. Il Profeta Ismael(A.S) si mescolò con la tribù yemenita 'Jurhum' e divenne fluente nella lingua araba, consegnando il messaggio di Allah(S.W.T) alla gente. Dalla progenie del Profeta Ismaele(A.S), proviene la tribù 'Quraish', e dai Quraish, 'Hashim'. Abdul Mutallib(R.A) era un 'Hashmi', che è il nonno del Profeta Muhammad ﷺ.

Allah(S.W.T) descrive le belle caratteristiche del Profeta Ismaele(A.S) nel Cor'an,

"Ricorda Ismaele nel Libro. In verità era sincero nella sua promessa, era un messaggero, un profeta. Imponeva alla sua famiglia l'orazione e la decima ed era gradito al suo Signore." (Qur'an ; Ch 19:54-55)

Profeta Yusuf

(La Pace Sia Con Lui)

L'uomo Più Bello E L'interprete Dei Sogni

Questa è la storia più dettagliata e affascinante del Corano, che coinvolge sia le debolezze umane, come la gelosia, l'odio, l'orgoglio, la passione, l'inganno, l'intrigo, la crudeltà e il terrore, sia le qualità nobili, come la pazienza, la lealtà, il coraggio, la nobiltà e la compassione.

Si racconta che tra le ragioni della sua rivelazione c'è il fatto che gli ebrei chiesero al Profeta Muhammad(P.B.U.H.) di raccontare loro del Profeta Giuseppe / Yusuf(A.S), che era uno dei loro vecchi profeti. La sua storia era stata distorta in alcune parti e viziata in altre con interpolazioni ed esclusioni. Pertanto, è stato rivelato nel Corano, l'ultimo e autentico libro di Allah(S.W.T), completo nei suoi minuziosi e accurati dettagli.

Yusuf(A.S) ha vissuto tutta la vita confrontandosi con gli schemi fatti dalle persone a lui più vicine. La storia del Profeta Yusuf(A.S) vi ispira un sentimento per la profondità del potere di Allah, la supremazia, e l'esecuzione delle Sue decisioni nonostante la sfida dell'intervento umano.

"E Allah ha pieno potere e controllo sui suoi affari, ma la maggior parte degli uomini non lo sa". (Chp. 12:21 - Koran)

IL SOGNO

Il Profeta Yusuf(A.S) era figlio del Profeta Yaqoob(A.S) e di Rahel. Aveva un fratello minore di nome Binyamin. Yaqoob(A.S) aveva dodici figli in totale. Amava Yusuf(A.S) e Binyamin più degli altri suoi figli. Questo fece arrabbiare molto gli altri fratelli nei loro confronti.

La storia inizia con un sogno e finisce con la sua interpretazione. Quando il sole apparve all'orizzonte, bagnando la terra nella sua gloria mattutina, Yusuf(A.S) si svegliò dal suo sonno, deliziato da un piacevole sogno che fece.

Pieno di entusiasmo, corse da suo padre e lo raccontò a suo padre.

"Ho visto undici stelle nel cielo, e il sole, e la luna. Si inchinavano tutte davanti a me". Disse a suo padre.

Il giovane Profeta era abbastanza stupito da questo sogno. Si chiedeva perché le stelle si inchinavano davanti a lui. Non ne capiva il significato. Yaqoob(A.S) era un Profeta, e capì il significato del sogno. Ed era molto felice. Il suo volto si illuminava. Previde che Yusuf(A.S) sarebbe stato colui attraverso il quale si sarebbe compiuta la profezia del nonno, il Profeta Ibrahim(A.S), in quanto la sua progenie avrebbe mantenuto viva la luce della casa di Ibrahim e avrebbe diffuso il messaggio di Allah all'umanità.

"Allah(S.W.T) ti ha benedetto, Yusuf". Il vecchio Profeta disse a suo figlio. "Questo sogno significa che ti sarà data la conoscenza e la profezia".

Yaqoob(A.S) era un uomo saggio e vecchio, quindi sapeva che gli altri suoi figli non sarebbero stati felici di sapere del sogno di Yousuf. Così lo avvertì,

"Figlio mio! non raccontare a nessuno dei tuoi fratelli il tuo sogno. Saranno gelosi di te e diventeranno tuoi nemici".

Yusuf(A.S) considerava l'avvertimento di suo padre. Non disse ai suoi fratelli ciò che aveva visto. È risaputo che lo odiano così tanto che è stato difficile per lui sentirsi sicuro di dire loro ciò che c'era nel suo cuore e nei suoi sogni.

Yusuf(A.S) aveva diciotto anni, molto bello e robusto, con un temperamento gentile. Era rispettoso, gentile e premuroso. Suo fratello Binyamin era altrettanto piacevole. Entrambi venivano da una sola madre, Rahel. Per le loro raffinate qualità, il padre li amava più degli altri due figli e non li perdeva di vista. Per proteggerli, li teneva occupati con il lavoro nel giardino di casa.

IL COMPLOTTO CONTRO YUSUF(A.S)

In effetti, Yusuf(A.S) ha mantenuto l'ordine di suo padre e non ha detto ai suoi fratelli della sua visione. Nonostante ciò, i suoi fratelli si sedettero a cospirare contro di lui.

Uno di loro ha chiesto: "Perché nostro padre ama Yusuf più di noi?

Un'altra risposta: "Forse per la sua bellezza".

Un terzo ha detto: "Yusuf e suo fratello hanno occupato il cuore di nostro padre".

Il primo si è lamentato: "Nostro padre si è smarrito."

Uno di loro ha suggerito una soluzione alla questione: "Uccidi Yusuf!

"Dove dovremmo ucciderlo?"

"Dovremmo bandirlo da questi terreni".

"Lo manderemo in una terra lontana".

"Perché non lo uccidiamo e non ci riposiamo, affinché il favore di tuo padre sia dato solo a te?

Tuttavia, disse Giuda (Yahudh), il più anziano e il più intelligente tra loro: "Non c'è bisogno di ucciderlo quando tutto quello che vuoi è sbarazzarti di lui. Guardate qui, gettiamolo in un pozzo e sarà raccolto da una carovana di passaggio. Lo porteranno con loro in una terra lontana. Sparirà dalla vista di tuo padre e il nostro scopo sarà servito con il suo esilio. Dopodiché, ci pentiremo del nostro crimine e torneremo a essere brave persone".

La discussione è proseguita sull'idea di gettare Yusuf(A.S) in un pozzo, in quanto è stata considerata la soluzione più sicura. Hanno respinto il piano di ucciderlo; il rapimento in una terra lontana è stato approvato. Era la più intelligente delle idee.

Poi i dieci fratelli andarono dal padre e lo richiesero,

"O padre nostro! Perché non ti fidi di noi con Yusuf, quando in realtà siamo i suoi benemeriti? Mandalo con noi domani a divertirsi e a giocare, e in verità ci prenderemo cura di lui".

"Yusuf è il nostro caro fratellino", ha detto uno di loro.

"Siamo figli dello stesso padre. Allora, di cosa hai paura? Per favore, mandatelo con noi" disse un altro fratello.

"Noi veglieremo su di lui".

Ma Yaqoob(A.S) era terrorizzato per Yusuf(A.S). Egli disse,

"Temo che il lupo possa prenderlo mentre voi giocate". Sapeva che i fratelli erano gelosi di lui e che non lo amavano. All'inizio rifiutò.

"Mai!", rispose un fratello. "Come può un lupo mangiarselo quando ci siamo noi? Noi siamo forti e possiamo salvarlo, padre".

Dopo molte costrizioni da parte dei fratelli, Yaqoob(A.S) ha permesso loro di portare Yusuf(A.S) con sé.

Il giorno dopo, erano entusiasti di potersi sbarazzare di Yusuf, perché dopo questo avrebbero avuto più possibilità di ricevere l'affetto del padre. I fratelli portarono Yusuf(A.S) con loro nella foresta. Hanno camminato attraverso la foresta e sono andati direttamente al pozzo come avevano previsto. Si appoggiarono alla ringhiera con il pretesto di bere acqua.

Fu allora che uno dei fratelli mise le braccia attorno a Yusuf(A.S) e lo strinse forte. Spaventato dal suo comportamento insolito, Yusuf(A.S) ha lottato per liberarsi. Poi tutti i fratelli si unirono a lui e lo tennero in modo che non potesse muoversi. Poi, uno di loro si tolse la camicia. Insieme, sollevarono Yusuf(A.S) e lo gettarono nel pozzo profondo. Le pietose suppliche del giovane Yusuf(A.S) non fecero alcuna differenza per i loro cuori crudeli. Egli gridò per chiedere aiuto e supplicò i suoi fratelli di salvarlo, ma i fratelli scossero la testa e non prestarono attenzione alle suppliche del fratello.

Yusuf(A.S) era tutto solo nel profondo pozzo buio. Era molto spaventato e piangeva. Poi Allah(S.W.T) gli rivelò che era al sicuro e che non doveva temere, perché un giorno li avrebbe incontrati di nuovo per ricordare loro quello che avevano fatto. L'acqua bassa lo salvò. Poi si aggrappò a una cengia di roccia e ci salì sopra. I suoi fratelli lo lasciarono in questo luogo desolato.

Poi hanno ucciso una pecora e hanno inzuppato la camicia di Yusuf nel suo sangue. Un fratello disse che avrebbero dovuto giurare di tenere segreto il loro gesto. Tutti loro prestarono il giuramento, e vennero a piangere da loro padre nella prima parte della notte.

"Perché questo pianto? È successo qualcosa al nostro gregge? Yaqoob(A.S) si chiedeva.

Risposero piangendo: "O padre nostro! Siamo andati a correre insieme e abbiamo lasciato Yusuf con le nostre cose e un lupo l'ha divorato; ma non ci crederai mai, anche se diciamo la verità".

"Siamo rimasti sorpresi, dopo il ritorno dalla gara, che Yusuf fosse nella pancia del lupo".

"Non l'abbiamo visto!

"Non ci crederai anche se siamo sinceri! Ti stiamo dicendo quello che è successo!

"Il lupo ha mangiato Yusuf!"

"Questa è la camicia di Yusuf. L'abbiamo trovata macchiata di sangue e non abbiamo trovato Yusuf".

Gli hanno portato la camicia macchiata di sangue finto. Nel profondo del cuore, Yaqoob(A.S) sapeva che il suo amato figlio era ancora vivo e che gli altri suoi figli giacevano. Tenne la camicia macchiata di sangue tra le mani, la stese e fece notare,

"Che lupo misericordioso! Si è mangiato il mio amato figlio senza strapparsi la camicia!

I volti dei suoi figli divennero rossi quando Yaqoob(A.S) chiese maggiori informazioni, ma ognuno di loro giurò per Allah di dire la verità.

"No! Ma voi stessi avete inventato una storia. Quindi, per me, la pazienza è più adatta. Solo Allah è il solo a cui si può chiedere aiuto contro ciò che voi affermate". Il padre dal cuore spezzato scoppiò in lacrime.

Il padre ha agito con saggezza, pregando per una pazienza possente e priva di dubbi, e confidando in Allah per l'aiuto contro ciò che avevano tramato contro di lui e contro suo figlio.

PRIMO PASSO VERSO LA GRANDEZZA

Nel pozzo buio, Yusuf$^{(A.S)}$ è riuscito a trovare una cengia di pietra a cui aggrapparsi. Intorno a lui c'era il buio totale e un silenzio inquietante. Pensieri spaventosi entrarono nella sua mente,

"Cosa mi succederebbe?"

"Dove potrei trovare del cibo?"

"Perché i miei fratelli si sono rivoltati contro di me?

"Mio padre saprebbe della mia situazione?"

Il sorriso del padre gli balenò davanti, ricordando l'amore e l'affetto che gli aveva sempre dimostrato. Yusuf$^{(A.S)}$ cominciò a pregare con fervore, supplicando Allah$^{(S.W.T)}$ per la salvezza. Gradualmente, la sua paura si placò. Il suo Creatore metteva alla prova il giovane con una grande disgrazia per infondere in lui uno spirito di pazienza e di coraggio. Yusuf$^{(A.S)}$ si sottometteva alla volontà del suo Signore.

Un gruppo di persone viaggiava in quella regione selvaggia. All'orizzonte c'è una lunga fila di cammelli, cavalli e uomini; una carovana in viaggio verso l'Egitto. La carovana dei mercanti si fermò in questo famoso pozzo per l'acqua. Avevano sete e cercavano acqua. Quando videro il pozzo, mandarono un uomo a portar loro dell'acqua. L'uomo si avvicinò al pozzo e portò giù un secchio.

Yusuf$^{(A.S)}$ è rimasto sorpreso dal secchio che sfrecciava giù e l'ha afferrato prima che potesse atterrare in acqua. Quando l'uomo cominciò a trainare, sentì il carico insolitamente pesante, così fece capolino nel pozzo. Quello che vide lo sciocco; un giovane era aggrappato alla corda! Si aggrappò alla corda e gridò ai suoi amici,

"Meglio che mi diate una mano, ragazzi! Sembra che abbia trovato un vero tesoro nel pozzo!

I suoi compagni si precipitarono al pozzo e lo aiutarono a tirare fuori lo sconosciuto che teneva la corda. Ben presto, in piedi davanti a loro c'era un giovane sano e bello, raggiante di un sorriso angelico. Videro in lui un bel premio; per loro contava solo il denaro. Immediatamente gli stringono le catene di ferro ai piedi e lo portano in Egitto, lontano dalla sua amata patria di Canaan.

Hanno viaggiato per molti giorni e notti attraverso il deserto. E dopo molti giorni di viaggio, sono finalmente arrivati in Egitto. I viaggiatori sono andati al mercato e hanno messo Yusuf(A.S) all'asta. In tutta la città egiziana si diffuse la notizia che un giovane schiavo insolitamente bello e robusto era in vendita. La gente si radunava a centinaia al mercato degli schiavi. Alcuni erano spettatori, altri erano offerenti. L'élite e i ricchi, ognuno di loro si alzava il collo per vedere il bell'esemplare. Il banditore ha avuto una giornata incredibile mentre le offerte si scatenavano, ogni compratore cercava di superare l'altro.

"Chi comprerà questo bel ragazzo?" Gridarono.

Alla fine, l'Aziz, il primo ministro egiziano, ha superato tutti gli altri e ha portato Yusuf(A.S) nella sua villa. Le catene della schiavitù si sono chiuse su Yusuf(A.S). Fu gettato nel pozzo, privato del padre, raccolto dal pozzo, fatto schiavo, venduto al mercato e fatto proprietà di quest'uomo, l'Aziz, il capo ministro. I pericoli si susseguirono in rapida successione, lasciando Yusuf(A.S) indifeso.

Quello che noi vediamo come un pericolo e una calunnia è il primo passo della scala verso la grandezza. Allah(S.W.T) è decisivo nella sua azione e il suo piano viene realizzato nonostante i piani degli altri. Allah ha promesso a Yusuf(A.S) il profetismo.

L'amore per Yusuf(A.S) è stato spinto nel cuore dell'uomo che l'ha comprato, ed era un uomo di una posizione non meschina. Era un personaggio importante, uno della classe dirigente dell'Egitto. Pertanto, Yusuf(A.S) fu piacevolmente sorpreso quando il capo ministro egiziano ordinò ai suoi uomini di togliergli le pesanti manette dai piedi gonfi. Fu anche sorpreso quando disse a Yusuf(A.S) di non tradire la sua fiducia; non sarebbe stato maltrattato se si fosse comportato bene. Yusuf(A.S) sorrise al suo benefattore, lo ringraziò e promise di essere leale.

Yusuf(A.S) si sentiva a suo agio, perché finalmente era al riparo e sarebbe stato ben accudito. Ringraziò Allah(S.W.T) più e più volte e si meravigliò del mistero della vita. Non molto tempo fa, era stato gettato in un pozzo profondo e buio, senza alcuna speranza di uscirne vivo. Poi è stato salvato, poi è stato schiavizzato in catene di ferro, e ora si muoveva liberamente in una lussuosa dimora con cibo a sufficienza. Ma il suo cuore soffriva di nostalgia per i suoi genitori e per il fratello Binyamin, e ogni giorno versava lacrime.

LA SECONDA PROVA DI YUSUF(A.S)

Yusuf(A.S) è stato nominato assistente personale della moglie del capo ministro. Era obbediente e sempre obbediente. Con le sue maniere piacevoli e il suo comportamento affascinante, conquistò il cuore di tutti. La sua bellezza è diventata la parola d'ordine della città. La gente si riferiva a lui come all'uomo più attraente che avesse mai visto e scriveva poesie su di lui. Il suo volto portava una bellezza immacolata. La purezza della sua anima interiore e del suo cuore si manifestava nel suo volto, aumentando la sua bellezza. La gente da lontano veniva in città per vederlo di sfuggita. La più bella delle fanciulle e la più ricca delle dame desiderava possederlo, ma non una volta ha mostrato arroganza o orgoglio. Era sempre umile ed educato.

A Yusuf(A.S) è stata data saggezza negli affari e conoscenza della vita e delle sue condizioni. Ha dato l'arte della conversazione, affascinando chi l'ha ascoltato. Gli è stata data la nobiltà e l'autocontrollo, che lo hanno reso una personalità irresistibile. Il suo maestro sapeva ben presto che Allah(S.W.T) lo aveva onorato con Yusuf(A.S). Capì di essere la persona più onesta, diretta e nobile che avesse mai incontrato nella sua vita. Così, ha messo Yusuf(A.S) a capo della sua famiglia, lo ha onorato e lo ha trattato come un figlio.

La moglie del primo ministro, Zulaikha, osservava Yusuf(A.S) di giorno in giorno. Si sedeva con lui, parlava con lui, lo ascoltava, e il suo stupore aumentava con il passare del tempo.

Yusuf(A.S) è stato poi messo a confronto con un altro processo ad Allah(S.W.T). Zulaikha ora non poteva resistere al bel Yusuf(A.S), e la sua ossessione per lui le provocava notti insonni. Si è innamorata di lui, ed è stato doloroso per lei essere così vicina ad un uomo, ma non essere in grado di abbracciarlo. Eppure, non era una donna capricciosa, perché nella sua posizione poteva avere qualsiasi uomo desiderasse. A detta di tutti, doveva essere una donna molto bella e intelligente, o perché il capo ministro avrebbe scelto lei tra tutte le belle donne del regno? Anche se lei non gli ha dato figli, lui non ha voluto prendere un'altra moglie, perché l'amava appassionatamente.

Non potendo più controllare la sua passione. Un giorno, quando il Profeta era solo con lei in camera da letto, lei cercò di baciarlo. Ma Yusuf$^{(A.S)}$ temeva Allah$^{(S.W.T)}$, così negò perché era un onesto adoratore di Dio. Si precipitò via da lei verso la porta. Il rifiuto di Yusuf$^{(A.S)}$ non fece che aumentare la sua passione. Mentre si dirigeva verso la porta per fuggire, lei gli corse dietro e gli afferrò la camicia, come una persona che sta annegando aggrappata alla barca. Mentre lo tirava, gli strappò la camicia e tenne in mano il pezzo strappato. Raggiunsero insieme la porta. Si aprì all'improvviso, lì c'erano suo marito e un suo parente.

Yusuf$^{(A.S)}$ ha visto suo marito in piedi davanti a lui. La donna sorniona cambiò immediatamente tono in rabbia e cominciò a mostrare il pezzo di camicia strappato che aveva in mano. Disse al marito,

"Qual è la punizione per colui che ha inteso un disegno malvagio contro sua moglie? Dovremmo metterlo in prigione!

Ora accusava Yusuf$^{(A.S)}$ di averla molestata, per dare l'impressione che fosse innocente e vittima del suo desiderio. Tuttavia, perplesso, Yusuf$^{(A.S)}$ ha negato,

"È stata lei a volermi sedurre".

Passavano la camicia di mano in mano, mentre lei guardava. La testimone (sua cugina) la guardò e scoprì che era strappata sul retro. Le prove dimostrarono che era colpevole. Il marito deluso fece notare alla moglie,

"Se fosse stato lui ad aggredirti, la camicia si sarebbe strappata davanti. Ma la sua camicia è strappata dal retro, il che significa che stai mentendo. Sicuramente, è stato il tuo complotto!". Ha replicato.

Il saggio e giusto Aziz si scusò con Yusuf$^{(A.S)}$ per l'indecenza della moglie. Le ha anche ordinato di chiedere perdono a Yusuf$^{(A.S)}$ per averlo accusato ingiustamente.

Un incidente come questo non può rimanere un segreto in una casa piena di servitori, e la storia si diffonde. La notizia dell'incidente si è diffusa in città come un incendio. Le donne cominciarono a vedere il comportamento di Zulaikha come scioccante.

Naturalmente, i loro pettegolezzi hanno angosciato Zulaikha. Lei credeva onestamente che non fosse facile per nessuna donna resistere a un uomo bello come Yusuf$^{(A.S)}$. Per dimostrare la sua impotenza, pianificò di sottoporre quelle donne alla stessa tentazione che aveva affrontato lei. Le invitò a un sontuoso banchetto. Nessuno così invitato avrebbe voluto perdersi l'onore di cenare con la moglie del capo ministro; inoltre, essi nutrivano segretamente il desiderio di incontrare il bel Yusuf faccia a faccia. Alcuni dei suoi amici intimi hanno scherzosamente detto che sarebbero venuti solo se lei li avesse presentati a Yusuf$^{(A.S)}$.

L'invito era riservato alle signore. Il banchetto iniziò, le risate e l'allegria abbondarono. Il galateo imponeva alle signore di non menzionare il tema di Yusuf(A.S). Rimasero quindi scioccate quando Zulaikha stessa aprì l'argomento.

"Ho sentito parlare di coloro che dicono che mi sono innamorata del giovane ebreo Yusuf".

Il silenzio cadde sul banchetto. Subito, le mani di tutti gli invitati si fermarono, e tutti gli occhi caddero sulla moglie del capo ministro. Lei disse mentre dava l'ordine di servire la frutta:

"Ammetto che è un tipo affascinante. Non nego di amarlo. Lo amo da molto tempo".

La confessione della moglie del capo ministro ha allentato la tensione tra le signore. Dopo aver terminato la cena, gli ospiti hanno iniziato a tagliare la frutta. Proprio in quel momento, lei ha convocato Yusuf(A.S) per fare la sua apparizione. Egli entrò nella sala con grazia; il suo sguardo era abbassato. Zulaikha lo chiamò per nome e lui alzò la testa. Gli ospiti erano stupefatti e sbalorditi. Il suo viso era splendente e pieno di una bellezza angelica. Rifletteva una completa innocenza, tanto che si sentiva la pace della mente nel profondo della sua anima.

Esclamarono con stupore, continuando a tagliare i frutti. Tutti i loro occhi erano puntati su Yusuf(A.S). La presenza di Yusuf(A.S) fu così efficace che le donne cominciarono a tagliare il palmo della mano in modo distratto, senza sentire alcun dolore.

Una delle signore è rimasta senza fiato: "Com'è perfetto Allah!

Un altro sussurro: "Questo non è un essere mortale!"

Un'altra balbettava e le accarezzava i capelli: "E' un nobile angelo".

Poi la moglie del capo ministro si è alzata e ha annunciato:

"Questo è colui per il quale mi hanno incolpato. Non nego di averlo tentato. Sei stato incantato dalla sola vista di Yusuf e vedi cosa è successo alle tue mani. L'ho tentato, e se non farà quello che voglio da lui, lo imprigionerò".

"Oh, Signore!", rispose con calma il Profeta. "Preferirei andare in prigione piuttosto che commettere un peccato". Non voglio essere uno di quelli che commettono peccato e meritano di essere biasimati, né di quelli che compiono azioni degli ignoranti".

Quella sera Zulaikha convinse il marito che l'unico modo per salvare il suo onore era quello di mettere Yusuf(A.S) in prigione, altrimenti non avrebbe potuto controllarsi e non avrebbe potuto salvaguardare il suo prestigio. Il capo ministro sapeva che Yusuf(A.S) era assolutamente innocente, che era un giovane uomo d'onore, un servo fedele, e che lo amava per tutti questi motivi. Il primo ministro lo amava come un figlio e non aveva mai incontrato nessuno che gli fosse così fedele. Non è stata una decisione facile per lui mettere un uomo innocente dietro le sbarre. Tuttavia, non gli è stata lasciata altra scelta. Ha ragionato sul fatto che l'onore di Yusuf(A.S) sarebbe stato salvaguardato anche se lo avesse tenuto lontano dalla vista di Zulaikha. Quella notte, con il cuore pesante, il capo ministro mandò Yusuf(A.S) in prigione.

LA PRIGIONIA DI UN INNOCENTE

La prigione è stata la terza prova di Yusuf(A.S). Durante questo periodo, Allah(S.W.T) lo ha benedetto con un dono straordinario: la capacità di interpretare i sogni. C'erano persone nel carcere che sapevano che Yusuf(A.S) era un giovane nobile, con una conoscenza esperta e un cuore misericordioso. Lo amavano e lo rispettavano. Più o meno nello stesso periodo, altri due uomini atterrarono nella prigione. Uno era il coppiere del re, l'altro era il cuoco del re. I due uomini intuirono che Yusuf(A.S) non aveva l'aspetto di un criminale, perché un'aura di religiosità gli brillava sul viso. Quella notte, entrambi i nuovi detenuti fecero uno strano sogno. Quando si svegliarono, erano confusi perché non riuscivano a capire il significato del sogno. Erano ansiosi di farli spiegare.

Il cuoco del re sognava di stare in un posto con il pane sulla testa, e due uccelli stavano mangiando il pane. Il coppiere sognava di servire il vino al re. I due andarono da Yusuf(A.S) e gli raccontarono i loro sogni, chiedendogli di dargli il loro significato.

Sentendo questo, il Profeta Yusuf(A.S) li ha chiamati ad Allah(S.W.T). Poi, ha detto loro il significato dei loro sogni. Disse che il cuoco sarebbe stato crocifisso fino alla morte e che gli uccelli avrebbero mangiato dalla sua testa.

Poi Yusuf(A.S) chiese al coppiere di raccontargli il suo sogno.

"Ho visto che ero in piedi all'interno del palazzo e che servivo il vino al re."

Il Profeta ha pregato per un po' di tempo e ha detto,

"Sarete presto lasciati liberi e tornerete al servizio del re." Il Profeta chiese poi al coppiere di parlare di lui al re e di dirgli che nella prigione c'era un'anima offesa di nome Yusuf.

Ciò che Yusuf(A.S) aveva predetto è accaduto; il cuoco è stato crocifisso e il coppiere è tornato a palazzo. Dopo che il coppiere tornò a servire, Satana gli fece dimenticare di menzionare Yusuf(A.S) al re. Per questo motivo, egli rimase in prigione per alcuni anni, ma si ostinò a pregare Allah(S.W.T).

YUSUF(A.S) INNOCENZA STABILITA

Qualche anno dopo, una notte, il re dormiva nel suo palazzo. Quella notte fece uno strano sogno. Vide che si trovava sulle rive del Nilo. L'acqua si ritirava, rivelando il fango nudo. Vide i pesci saltare e saltare senza acqua.

Poi, vide sette vacche grasse uscire dall'acqua, seguite da sette vacche magre. Le vacche magre cominciarono allora ad inghiottire le vacche grasse. Il re era terrorizzato dopo aver visto questo.

Poi ha visto sette spighe di grano verde che crescevano in riva al fiume. Improvvisamente sono scomparse e al suo posto crescono sette spighe secche.

Il re si svegliò spaventato, sciocccato e depresso, non sapendo cosa significasse tutto questo. Mandò dei servi a chiamare gli stregoni, i sacerdoti e i ministri. Raccontò loro il suo sogno.

Gli stregoni hanno detto: "Questo è un sogno confuso. Come può essere? È un incubo".

I sacerdoti hanno detto: "Forse Sua Maestà ha avuto una cena pesante."

Il primo ministro ha detto: "E' possibile che Sua Maestà sia stato esposto e non abbia tirato su la coperta di notte?"

Il giullare del Re disse, scherzando: "Sua Maestà sta invecchiando, e quindi i suoi sogni sono confusi."

Sono giunti alla conclusione unanime che si trattava solo di un incubo.

La notizia è arrivata al coppiere. Ricordava il sogno che aveva fatto in prigione e lo paragonava al sogno del re, e così gli venne in mente Yusuf$^{(A.S)}$. Corse dal re per raccontargli di Yusuf$^{(A.S)}$, che era l'unico in grado di interpretare il sogno.

Il coppiere disse: "Mi aveva chiesto di ricordarlo a te, ma l'ho dimenticato". Il re mandò il coppiere a chiedere a Yusuf$^{(A.S)}$ del sogno.

Yusuf$^{(A.S)}$ glielo ha interpretato: "Ci saranno sette anni di abbondanza. Se la terra sarà coltivata correttamente, ci sarà un eccesso di buon raccolto, più di quanto la gente avrà bisogno". Questo dovrebbe essere conservato. In seguito, seguiranno sette anni di siccità nel regno. La gente non avrà abbastanza da mangiare e il cibo sarà scarso in tutto l'Egitto, durante il quale potrà utilizzare il grano in eccesso".

Ha anche consigliato che durante la carestia, si dovrebbe risparmiare un po' di grano da usare come seme per il prossimo raccolto. Yusuf$^{(A.S)}$ ha poi aggiunto: "Dopo sette anni di siccità, ci sarà un anno durante il quale l'acqua sarà abbondante. Se useranno correttamente l'acqua, la vite e l'ulivo cresceranno in abbondanza, fornendo uva e olio d'oliva in abbondanza".

Il coppiere si affrettò a tornare con la piacevole notizia. L'interpretazione di Yusuf$^{(A.S)}$ affascinò il re. Rimase molto stupito. Chi poteva essere questa persona? Ordinò che Yusuf$^{(A.S)}$ fosse liberato dalla prigione e gli fu subito presentato.

L'inviato del re andò a prenderlo immediatamente, ma Yusuf$^{(A.S)}$ si rifiutò di lasciare la prigione a meno che la sua innocenza non fosse provata. Forse lo accusarono di aver tagliato le mani delle signore o di aver cercato di adescarle. Forse è stata fatta un'altra falsa accusa. Non sappiamo esattamente cosa abbiano detto alla gente per giustificare la condanna di Yusuf(A.S) alla prigione.

L'inviato è tornato dal re.

"Dov'è Yusuf? Non ti ho forse ordinato di andare a prenderlo?". Chiese il re.

L'inviato ha risposto: "Si è rifiutato di andarsene finché non sarà accertata la sua innocenza nei confronti delle signore che si sono tagliate le mani".

Il re sentiva che Yusuf(A.S) era stato danneggiato ingiustamente, ma non sapeva esattamente come ciò fosse accaduto. Così, ordinò immediatamente un'inchiesta.

Il re ha ordinato: "Portate subito le mogli dei ministri e la moglie del primo ministro!"

Hanno portato la moglie del primo ministro alla sua corte insieme alle mogli degli altri ministri.

Chiese il re: "Qual è la storia di Yusuf? Che cosa sai di lui? È vero che ha cercato di molestare la moglie del capo ministro?".

Una delle dame interruppe il re esclamando: "Allah non voglia!"

Un secondo disse: "Non sappiamo di nessun male che abbia fatto".

Un terzo ha detto: "E' innocente come gli angeli."

Ora, gli occhi di tutti si sono rivolti alla moglie del capo ministro. Ora indossava un viso rugoso e aveva perso peso. Era stata travolta dal dolore per Yusuf(A.S) mentre era in prigione. Lei confessò coraggiosamente che aveva mentito e che lui aveva detto la verità.

"L'ho tentato, ma lui ha rifiutato. È sicuramente uno dei sinceri".

Confermava ciò che diceva, non per paura del re o delle altre dame, ma perché Yusuf(A.S) sapesse di non averlo mai tradito durante la sua assenza, perché era ancora nella sua mente e nella sua anima. Di tutta la creazione, lui era l'unico che lei amava, così confermò la sua innocenza davanti a tutti.

I versi del Corano riflettono il fatto che si era rivolta alla religione del Profeta, il monoteismo. La sua prigionia fu un punto di svolta significativo nella sua vita. Dopo di ciò, la storia della moglie del ministro capo non è più menzionata nel Corano. Non sappiamo cosa le sia successo dopo che ha fornito prove evidenti. Eppure ci sono ancora leggende su di lei. Alcuni dicono che dopo la morte del marito sposò Yusuf(A.S), ed ecco che era vergine. Confessò che suo marito era vecchio e non aveva mai toccato le donne. Altre leggende dicono che ha perso la vista, piangendo per Yusuf(A.S). Abbandonò il suo palazzo e vagò per le strade della città.

"La verità è venuta e la falsità è svanita. Sicuramente, la falsità è destinata a scomparire!"

ALLAH(S.W.T) ELEVATO YUSUF(A.S) ALLA GLORIA

Il re informò Yusuf(A.S) che la sua innocenza era stata accertata e gli ordinò di venire a palazzo per un colloquio. Il re riconobbe le sue nobili qualità. Quando Yusuf(A.S) arrivò, il re rimase sbalordito da questo bel giovane. Tuttavia, il re gli parlò nella sua lingua. La risposta di Yusuf(A.S) stupì il re con la sua raffinatezza culturale e la sua vasta conoscenza. Era convinto che Yusuf(A.S) fosse davvero molto intelligente.

Poi la conversazione si è rivolta al sogno. Yusuf(A.S) consigliò al re di iniziare a pianificare per anni di carestia. Lo informò che la carestia non avrebbe colpito solo l'Egitto ma anche i paesi vicini. Il re gli offrì una posizione influente, ma Yusuf(A.S) chiese di essere nominato controllore dei granai per poter sorvegliare il raccolto della nazione e salvaguardarla durante la prevista siccità. Con questo, Yusuf(A.S) non intendeva cogliere un'opportunità o un guadagno personale; voleva semplicemente salvare le nazioni affamate per un periodo di sette anni. È stato un puro sacrificio da parte sua.

"Concediamo la Nostra Misericordia a chi ci piace, e facciamo in modo che non vada perduta la ricompensa di Al-Muhsinen (gli operatori del bene)."
[Surah Yusuf: 56]

Le ruote del tempo hanno girato, Yusuf(A.S) era diventato uno dei più alti funzionari in Egitto. Durante i sette meravigliosi anni, Yusuf(A.S) aveva il pieno controllo sulla coltivazione, il raccolto e la conservazione dei raccolti. Svolse i suoi doveri fedelmente e riuscì a conservare con cura i cereali per i duri anni a venire.

Poi, come aveva predetto il Profeta Yusuf(A.S), seguì la siccità e la carestia si diffuse in tutta la regione, compresa Canaan, la patria di Yusuf(A.S). Le foglie divennero gialle e dal cielo non cadde nemmeno una goccia di pioggia. Ma nessuno in Egitto morì di fame perché il Profeta aveva risparmiato granaglie più che sufficienti per gli anni difficili.

"Avevi ragione, Yusuf", disse il re al Profeta. "È solo grazie a te che il nostro popolo non soffre". Ma tutti i nostri vicini chiedono il nostro aiuto. Cosa devo dire loro?" Egli chiese.

"Allah(S.W.T) ci ha salvati". Il Profeta rispose: "Siamo benedetti ad avere con noi molti cereali. Penso che questo sia il momento di aiutare i nostri vicini". Dovremmo vendere i cereali alle nazioni bisognose a un prezzo equo. In questo modo possiamo salvare molte vite".

Il re accettò e la piacevole notizia si diffuse in tutta la regione.

Come questa carestia ha colpito anche Canaan. Il Profeta Yaqoob(A.S) inviò dieci dei suoi figli, tutti tranne Binyamin, in Egitto per acquistare provviste. I fratelli viaggiarono per molti giorni e finalmente arrivarono in Egitto.

Yusuf(A.S) ha sentito parlare dei dieci fratelli che erano venuti da lontano e che non sapevano parlare la lingua degli egiziani. Quando lo invitarono ad acquistare i loro bisogni, Yusuf(A.S) riconobbe immediatamente i suoi fratelli, ma non lo riconobbero. Come potevano? Per loro Yusuf(A.S) non esisteva più, lo avevano gettato nel pozzo profondo e buio molti anni fa!

Yusuf(A.S) li ha ricevuti calorosamente. Dopo averli riforniti di provviste, chiese da dove fossero venuti.

Mi hanno spiegato: "Siamo venuti da Canaan. Siamo undici fratelli, figli di un nobile Profeta. Il più giovane è a casa e si occupa dei bisogni del nostro vecchio padre".

Sentendo questo, gli occhi di Yusuf(A.S) si riempirono di lacrime; il suo desiderio di casa si gonfiò nel suo cuore, così come il desiderio per i suoi amati genitori e per il suo amato fratello Binyamin.

"Siete persone sincere?" Glielo chiese Yusuf(A.S).

Perturbati, risposero: "Quali motivi abbiamo per mentirvi?

"Se quello che dici è vero, allora porta tuo fratello come prova e ti ricompenserò con una doppia razione. Ma se non me lo porti, sarebbe meglio che tu non ritorni", avvertono Yusuf(A.S).

Gli assicurarono che avrebbero eseguito volentieri il suo comando, ma che avrebbero dovuto ottenere il permesso del padre. Come incentivo per tornare con il fratello, Yusuf(A.S) ordinò al suo servo di mettere segretamente il sacchetto di denaro che avevano pagato in uno dei loro sacchi di grano.

Dopo molti giorni di viaggio, hanno raggiunto Canaan. Prima di poter scaricare i cammelli, salutarono il padre, poi lo criticarono: "Ci hanno negato delle provviste perché non hai lasciato andare tuo figlio con noi. Non ci hanno dato cibo per gli assenti. Perché non l'avete affidato a noi? Per favore, mandatelo con noi, e noi ci prenderemo cura di lui".

Il Profeta Yaqoob(A.S) divenne triste e disse loro: "Non permetterò a Binyamin di viaggiare con voi. Non mi separerò da lui, perché ho affidato Yusuf a te e tu mi hai deluso".

Più tardi, quando hanno aperto i sacchi di grano, sono stati sorpresi di trovare il sacchetto del denaro restituito intatto. Si precipitarono dal padre;

"Guarda, padre! Il nobile funzionario ci ha restituito il nostro denaro; questa è sicuramente la prova che non farebbe del male al nostro fratello e non può che giovare a noi". Ma Yaqoob(A.S) si rifiutò di mandare Binyamin con loro.

Dopo un po' di tempo, quando non avevano più grano, Yaqoob(A.S) chiese loro di andare in Egitto per averne di più. Gli ricordarono l'avvertimento che il funzionario egiziano aveva dato loro. Non potevano tornare senza Binyamin.

"Non lo manderò con voi se non mi date la promessa, in nome di Allah, che me lo riporterete sano e salvo come lo porterete".

Così, hanno dato la loro sincera promessa.

Yaqoob(A.S) ha ricordato loro: "Allah(S.W.T) è testimone della vostra promessa".

Acconsentì, poi consigliò loro di entrare in città attraverso diverse porte. Yaqoob(A.S) li benedisse alla loro partenza e pregò Allah per la loro protezione. I fratelli intraprendono il lungo viaggio verso l'Egitto, prendendosi cura di Binyamin.

L'INTERPRETAZIONE DEL SOGNO NELLA REALTÀ

Quando arrivarono in Egitto, Yusuf(A.S) li accolse di cuore e soppresse il desiderio di abbracciare Binyamin che era sorto in lui. Preparò una festa per loro e li fece sedere a coppie. Yusuf(A.S) fece in modo di sedersi accanto al suo amato fratello Binyamin, che cominciò a piangere.

"Perché piangi?" Gli chiese Yusuf(A.S).

Egli rispose: "Se mio fratello Yusuf fosse stato qui, mi sarei seduto accanto a lui".

Quella notte, quando Yusuf(A.S) e Binyamin erano soli in una stanza, Yusuf(A.S) chiese a suo fratello,

"Ti piacerebbe avermi come fratello?"

Binyamin rispose rispettosamente che considerava il suo ospite una persona meravigliosa, ma non avrebbe mai potuto prendere il posto di suo fratello.

Yusuf(A.S) si ruppe, e tra le lacrime che scorrevano disse: "Mio amato fratello, io sono il tuo fratello che si è perso e di cui ripeti continuamente il nome. Il destino ci ha riuniti dopo molti anni di separazione. Questo è il favore di Allah. Ma che rimanga un segreto tra noi per il momento". Binyamin gettò le braccia attorno a Yusuf(A.S) ed entrambi i fratelli versarono lacrime di gioia.

Il giorno dopo, mentre le loro borse venivano riempite di cereali da caricare sui cammelli, Yusuf(A.S) ordinò a uno dei suoi assistenti di mettere il misurino dorato del re nella bisaccia di Binyamin. Quando i fratelli furono pronti a partire, i soldati si precipitarono da loro. I cancelli erano chiusi a chiave e un soldato gridò,

"O voi viaggiatori, fermatevi! Siete dei ladri!"

L'accusa era molto insolita, e la gente si è radunata intorno a loro.

"Che cosa hai perso?" si sono chiesti i suoi fratelli.

"La coppa d'oro del re. Chiunque riesca a rintracciarlo, daremo un bel carico di grano", disse un soldato.

I fratelli hanno detto con tutta l'innocenza: "Non siamo venuti qui per corrompere la terra e rubare."

Uno dei soldati ha detto (come aveva detto Yusuf(A.S)): "Quale punizione scegliere per il ladro?"

I fratelli risposero: "Secondo la nostra legge, chi ruba diventa schiavo del proprietario della proprietà".

I funzionari hanno concordato: "Allora applicheremo la vostra legge al posto della legge egiziana, che prevede la reclusione".

L'ufficiale capo ordinò ai suoi soldati di iniziare a perquisire la carovana. Yusuf(A.S) stava osservando l'incidente dall'alto del suo trono. Aveva dato istruzioni affinché la borsa di Binyamin fosse l'ultima ad essere perquisita. Quando non trovarono la coppa nelle borse dei dieci fratelli maggiori, i fratelli sospirarono in sollievo. Rimase solo la borsa del fratello minore.

Yusuf(A.S) ha detto, intervenendo per la prima volta, "Non c'era bisogno di perquisire la sua sella perché non aveva l'aspetto di un ladro".

"Non ci muoveremo di un centimetro a meno che non venga perquisita anche la sua sella. Siamo figli di un nobile, non di ladri" affermano i suoi fratelli.

I soldati raggiunsero nelle loro borse e tirarono fuori la coppa del re. I fratelli esclamarono,

"Se ruba ora, un suo fratello ha già rubato in passato". Si sono allontanati dalla presente questione per dare la colpa a un particolare gruppo di bambini di Yaqoob(A.S).

Il Profeta Yusuf(A.S) sentì il loro odio con le sue stesse orecchie e fu colmo di rimpianto. Eppure, ha inghiottito la sua rabbia, tenendola dentro di sé. Disse a se stesso: "Siete andati oltre e avete fatto di peggio; andrà male con voi e peggio ancora, e Allah conosce la vostra intenzione".

Il silenzio cadde su di loro dopo queste osservazioni dei fratelli. Poi dimenticarono la loro segreta soddisfazione e pensarono al Profeta Yaqoob(A.S); avevano giurato con lui che non avrebbero tradito suo figlio. Cominciarono a chiedere pietà a Yusuf(A.S).

"Yusuf, o ministro! Prendi invece uno di noi. O sovrano della terra! In verità, ha un vecchio padre che lo addolorerà. È il figlio di un brav'uomo, e vediamo che anche tu sei un uomo d'onore".

Yusuf(A.S) risponde con calma: "Come si può voler liberare l'uomo che ha rubato la coppa del re? Sarebbe peccaminoso".

I fratelli hanno continuato a implorare pietà. Tuttavia, le guardie dissero che il re aveva parlato e che la sua parola era legge.

Così, quando si sono disperati di lui, hanno tenuto una conferenza in privato. Giuda, il maggiore, era molto preoccupato e lo disse agli altri,

"Abbiamo promesso a nostro padre, nel nome di Allah, di non deluderlo. Rimarrò dunque, e ritornerò solo se mio padre me lo permetterà".

I fratelli lasciarono abbastanza provviste per Giuda, che rimase in una taverna in attesa del destino di Binyamin. Nel frattempo, Yusuf[A.S] tenne Binyamin nella sua casa come suo ospite personale e gli raccontò come aveva escogitato il complotto per mettere il calice del re nella sua borsa, in modo da tenerlo indietro, per proteggerlo. Era anche contento che Giuda fosse rimasto indietro, poiché era un fratello di buon cuore. Yusuf[A.S] si organizzò segretamente per vegliare sul benessere di Giuda.

Il piano di Yusuf[A.S] nel rimandare indietro gli altri, era di testare la loro sincerità. Per vedere se sarebbero tornati per i due fratelli che avevano lasciato.

Quando arrivarono a casa, entrarono al richiamo del padre,

"O padre nostro! Tuo figlio ha rubato!

Il Profeta Yaqoob[A.S] era perplesso, non credeva alle notizie. Poi, i fratelli gli dissero tutto. Era sopraffatto dal dolore e i suoi occhi piangevano lacrime.

"La pazienza sia con me; forse Allah[S.W.T] me li restituirà tutti. Egli è il più sapiente, il più saggio".

La solitudine lo circondava, eppure trovava consolazione nella pazienza e si fidava di Allah. Era profondamente ferito. Solo la preghiera poteva consolarlo e rafforzare la sua fede e la sua pazienza. Piangeva tutti quegli anni per il suo amato figlio Yusuf[A.S]; e ora un altro dei suoi migliori figli gli era stato strappato via. Yaqoob[A.S] ha quasi perso la vista piangendo per questa perdita.

Gli altri figli lo supplicavano: "O padre, tu sei un nobile Profeta e un grande messaggero di Allah. L'Apocalisse è scesa su di te e la gente ha ricevuto da te guida e fede. Perché ti distruggi in questo modo?".

Egli rispose: "Rebuking me non diminuirà il mio dolore". Solo il ritorno dei miei figli mi conforterà. Figli miei, andate in cerca di Yusuf e di suo fratello; non disperate della misericordia di Allah".

Allah, l'Onnipotente ci ha detto: Dissero: "Per Allah! Non smetterete mai di ricordare Yusuf finché non diventerete deboli con la vecchiaia, o finché non sarete dei morti".

Ha detto: "Mi lamento solo del mio dolore e della mia tristezza presso Allah, e so da Allah quello che voi non sapete".

Il Profeta Yaqoob(A.S) chiese ai suoi figli di andare di nuovo in Egitto. La carovana partì per l'Egitto. I fratelli - in viaggio per vedere il capo ministro (il Profeta Yusuf(A.S)) - sono diventati poveri e depressi.

Alla fine, hanno supplicato Yusuf(A.S). Gli hanno chiesto di fare beneficenza, facendo appello al suo cuore, ricordandogli che Allah ricompensa chi fa la carità. In questo momento, in mezzo alla loro situazione, il Profeta Yusuf(A.S) ha parlato loro nella loro lingua madre.

"Sai cosa hai fatto con Yusuf e suo fratello quando eri ignorante?

I fratelli sono rimasti scioccati dall'ascolto. Sapevano che questo segreto è noto solo a loro e a Yusuf(A.S).

Hanno detto: "Sei nostro fratello Yusuf?"

Ha detto: "Io sono Yusuf. E Binyamin è mio fratello. Allah è stato davvero Grazioso con noi. Chi teme Allah ed è paziente, allora sicuramente Allah lo ricompensa sempre".

I fratelli tremavano di paura.

"Abbiamo peccato, Fratello. Allah ti ha certamente preferito a noi". Dissero.

Ma Yusuf(A.S) li ha confortati. "Nessun rimprovero su di voi in questo giorno. Che Allah vi perdoni, ed Egli è il più misericordioso tra coloro che mostrano misericordia".

Yusuf(A.S) li abbracciò ed essi piansero insieme con gioia. Yusuf(A.S) non poteva lasciare il suo ufficio responsabile senza un adeguato sostituto, così consigliò i suoi fratelli. "Vai con questa mia camicia, e accarezzala sul volto di mio padre, egli recupererà la vista". E portami tutta la tua famiglia".

I fratelli hanno accettato e sono partiti per Canaan. Mentre si avvicinavano vicino al Canaan, il Profeta Yaqoob(A.S) percepì nell'aria il profumo di Yusuf(A.S). Si alzò all'improvviso, si vestì e andò ad incontrare i suoi figli.

La moglie del figlio maggiore ha osservato: "Yaqoob(A.S) è uscito oggi dalla sua stanza." Le donne si sono informate su cosa non andava. C'era un accenno di sorriso sul suo viso.

Gli altri glielo chiesero: "Come ti senti oggi?

Egli rispose: "Sento l'odore di Yusuf nell'aria".

Le mogli lo lasciarono solo, dicendosi l'un l'altra che non c'era speranza per lui. "Morirà di pianto per Yusuf".

"Ha parlato della camicia di Yusuf?".

"Non lo so. Ha detto che sentiva il suo odore, forse è impazzito".

Quella notte, il vecchio voleva una tazza di latte per rompere il suo digiuno, perché aveva digiunato. Mentre la carovana si avvicinava, il Profeta continuava a pregare Allah(S.W.T). Quando finalmente la carovana arrivò, il Profeta Yaqoob(A.S) uscì fuori e chiese: "Sento davvero l'odore di Yusuf". È reale?"

"Vi sbagliate di sicuro". Disse una moglie.

Ma il Profeta diceva davvero la verità. Il portatore della lieta novella è arrivato. Uno dei suoi figli gli accarezza la camicia sul viso e Yaqoob(A.S) diventa lucido.

"Non vi ho detto che so da Allah che non lo sapete? Egli disse loro con gioia.

I fratelli si erano resi conto dei loro errori. Chiesero al Profeta Yaqoob(A.S),

"Abbiamo peccato, Padre. Chiedi perdono ad Allah per i nostri peccati".

Ha detto: "Chiederò perdono al mio Signore per te, in verità, Lui! Solo Lui è il perdonatore, il misericordioso".

Poi, il Profeta Yaqoob(A.S) partì per l'Egitto per incontrare suo figlio. Il Profeta Yusuf(A.S) lo accolse con grande gioia. Mise suo padre sul suo trono. La felicità di Yaqoob(A.S) non conosceva limiti. Poi i suoi genitori e tutti gli undici fratelli si prostrarono davanti al Profeta Yusuf(A.S).

"Questo è il sogno che ho visto quando ero giovane. Ho visto undici stelle, il sole e la luna, che si inchinavano davanti a me. Il mio Signore l'ha fatto diventare realtà".

Il Profeta Yusuf(A.S) organizzò un'udienza con il re per sé e la sua famiglia, per chiedere al re il permesso di stabilirsi in Egitto. Egli era una risorsa per il regno, e il re fu felice di farlo rimanere con la sua famiglia. Poi si prostrò ad Allah$^{(S.W.T)}$ in segno di gratitudine. Questo potere dominante e questa responsabilità non distrasse il Profeta da Allah. Ricordava sempre il suo creatore e benefattore.

Il Profeta Yusuf$^{(A.S)}$ non voleva morire come un re. Non gli piaceva essere radunato intorno al popolo dei reali. Voleva morire alla morte di uno schiavo di Allah ed essere radunato intorno al popolo dei giusti. Al momento della sua morte, chiese ai suoi fratelli di seppellirlo accanto ai suoi antenati. Così, quando morì, fu mummificato e messo in una bara fino al momento opportuno per essere portato fuori dall'Egitto. Si dice che morì all'età di centodieci anni.

Pertanto, si narra che sia stato chiesto al Messaggero di Allah, Muhammad$^{(P.B.U.H)}$: "Chi è il più onorevole tra il popolo?" Egli rispose: "Il più timorato di Dio". Il popolo disse: "Non vogliamo chiedervi di questo". E lui rispose:

"La persona più onorevole è Yusuf, il Profeta di Allah, il figlio del Profeta di Allah, il figlio del fedele amico di Allah (cioè Ibrahim)".

(Sahih Al-Bukhari)

Profeta Yunus

(La Pace Sia Con Lui)

Il Proprietario Del Pesce

Molto tempo fa, c'era una città chiamata 'Niniveh'. Era situata sulla riva destra del fiume Tigri nell'antica Assiria, al di là del fiume dalla moderna grande città di Mosul, in Iraq. Gli abitanti di Ninive erano idolatri che conducevano una vita spudorata. Il Profeta Yunus (Giona)(A.S) fu mandato da Allah(S.W.T) a Niniveh per predicare loro il vero Dio.

"Dovete credere solo in Allah(S.W.T) e obbedire ai suoi comandi", li ammonì, "altrimenti vi verrà addosso un castigo severo".

Ma agli abitanti della città non piaceva che qualcuno interferisse nel loro modo di adorare.

"Noi e i nostri antenati abbiamo adorato questi dei per molti anni", disse un vecchio, "e non ci è stato fatto alcun male".

Il profeta Yunus(A.S) ha cercato in tutti i modi di convincere la gente di Allah(S.W.T), ma la gente continuava ad ignorarlo. Egli avvertì che se avessero continuato con la loro follia, Allah li avrebbe presto puniti.

Invece di temere Allah, dissero al profeta che non avevano paura delle sue minacce.

"Lascia che il tuo Dio ci punisca! Gli hanno detto.

Il Profeta si scoraggiò: "In tal caso, ti lascerò alla tua miseria". Diceva di aver lasciato la città di Ninive. Divenne impaziente e se ne andò senza aspettare ulteriori ordini da Allah. Sapeva che Dio doveva essere arrabbiato con lui. Così decise di viaggiare in una terra lontana.

Non appena il Profeta lasciò la città, i cieli cominciarono a cambiare colore. Sembrava che andasse a fuoco. La gente si riempì di paura alla vista. Ricordavano la distruzione del popolo di A'ad, Thamud e Nuh. Lentamente, la fede cominciò a penetrare nei loro cuori.

Si sono riuniti sulla cima di un monte e hanno cominciato a pregare Allah per la sua misericordia. Le montagne risuonarono con le loro grida. La gente di Ninive si pentì sinceramente per i peccati commessi. Quando Allah ascoltò le loro preghiere, decise di non punirli. Egli riversò di nuovo la sua benedizione sul popolo. Quando la gente si rese conto di essere stata salvata, pregò Allah per il ritorno del profeta Yunus[A.S], affinché potesse guidarli.

Nel frattempo, il profeta Yunus[A.S] si era imbarcato su una piccola nave in compagnia di altri passeggeri. Navigava tutto il giorno in acque calme, con un buon vento che soffiava sulle vele. Ma con l'arrivo della notte, il mare cambiò improvvisamente. Ci fu un'orribile tempesta, e sembrava che la nave sarebbe stata fatta a pezzi. Le onde si alzarono alte come montagne, lanciando la nave su e giù.

Tutti sulla nave erano terrorizzati. Il capitano della nave gridò all'equipaggio di alleggerire il carico pesante della nave. L'equipaggio ha dapprima gettato i bagagli in mare, ma questo non è stato sufficiente. La loro sicurezza dipendeva dall'ulteriore riduzione del peso. Così, decisero tra di loro che uno di loro avrebbe dovuto essere gettato in mare.

Nel frattempo, dietro la nave era emersa un'enorme balena. Allah$^{(S.W.T)}$ aveva comandato alla balena di emergere. La balena continuava a seguire la nave come gli era stato ordinato.

Il capitano della nave ha detto all'equipaggio: "Faremo un sacco con i nomi di tutti i viaggiatori. Colui il cui nome sarà estratto sarà gettato in mare".

Yunus$^{(A.S)}$ ha partecipato con riluttanza alla sortita, e anche il suo nome è stato aggiunto. Quando il lotto è stato estratto, sulla carta c'era scritto 'Yunus'. Poiché l'equipaggio sapeva che il Profeta era l'uomo più onorevole tra loro, non voleva gettarlo in mare. Pertanto, hanno estratto un secondo lotto.

Quando fecero il lotto per la seconda volta, il nome del Profeta apparve di nuovo. L'equipaggio decise di provare un'ultima volta e ne estrasse un terzo lotto. Ma il nome del Profeta apparve anche durante il terzo e ultimo lotto. Il Profeta Yunus$^{(A.S)}$ si rese conto che la volontà speciale di Allah$^{(S.W.T)}$ era coinvolta in quello che stava succedendo. Si rese conto che Allah lo stava mettendo alla prova perché aveva abbandonato la missione senza il consenso di Allah.

Si decise che il Profeta Yunus$^{(A.S)}$ si sarebbe buttato in acqua. Yunus$^{(A.S)}$ stava sul bordo della nave, guardando il mare infuriato. Era notte e non c'era la luna nel cielo. Le stelle erano nascoste dietro una nebbia nera. Prima di saltare in mare, il Profeta continuava a menzionare il nome di Allah. Poi si tuffò in mare e scomparve sotto le vaste onde.

La balena che seguiva la nave, trovò il Profeta Yunus$^{(A.S)}$ che galleggiava sulle onde. Non perse tempo e lo inghiottì in un solo sorso. La balena chiuse i suoi denti d'avorio come se fossero dei bulloni bianchi che bloccavano la porta della sua prigione. Poi si tuffò sul fondo del mare. Il Profeta si immaginò morto, ma i suoi sensi divennero acuti quando pensò di potersi muovere. Si rese conto di essere vivo e imprigionato.

Nella sua solitudine, cominciò a riflettere su ciò che era successo in città e si rese conto che non avrebbe mai dovuto lasciare la città. Invece, sarebbe dovuto rimanere e continuare a parlare con la gente, chiedendo loro di tornare ad Allah(S.W.T). Nella sua disperazione, il Profeta ha pregato con tutto il cuore ad Allah.

"O Allah, non c'è nessun Dio all'infuori di te. Solo tu sei l'unico che io lodo e onoro. Ho fatto male, se non mi aiuti, sarò perduto per sempre".

Il Profeta continuò a pregare Allah, ripetendo le sue preghiere. Pesci, balene e molte altre creature che vivevano nel mare, sentivano la voce delle preghiere del Profeta provenire dallo stomaco della balena. Tutte queste creature si riunirono intorno alla balena e lodarono Allah(S.W.T), ognuna nella propria lingua. La balena partecipò anche alla lode di Allah. Poi capì di aver ingoiato un Profeta. All'inizio la balena ebbe paura, poi si disse: "Perché dovrei avere paura? Allah mi ha ordinato di inghiottirlo".

Allah Onnipotente vide il pentimento sincero del Profeta Yunus(A.S) e decise di salvarlo. Ordinò alla balena di andare in superficie ed espellere il Profeta sulla riva. La balena obbedì e nuotò fino alla superficie dell'oceano. Poi espulse il Profeta Yunus(A.S) su un'isola remota.

Il Profeta era molto malato a causa degli acidi nello stomaco della balena. La sua pelle era infiammata, e quando il sole sorgeva, i raggi bruciavano il suo corpo. Il Profeta era ormai sul punto di gridare di dolore, ma sopportava il dolore e continuava a pregare Allah. Allah[S.W.T] fece crescere un albero dietro al quale il Profeta Yunus[A.S] stava pregando.

Questo albero proteggeva il Profeta dai duri raggi del sole e gli dava anche frutti nutrienti. Gradualmente, recuperò le forze e trovò la via del ritorno a Ninive.

È stato piacevolmente sorpreso di notare il cambiamento che ha avuto luogo. L'intera popolazione di Niniveh gli ha dato il benvenuto. Lo informano che ora adorano Allah, l'unico vero Dio. Il Profeta fu entusiasta di sentirlo e visse felice fino alla sua morte.

PROFETA MUSA

(LA PACE SIA CON LUI)

Un'era Di Magia E Di Piercing Sul Mare

Il Profeta Musa(A.S) è considerato un Profeta, un messaggero e un leader nell'Islam. È l'individuo più frequentemente citato nel Corano. Il Corano afferma che il Profeta Musa(A.S) è stato inviato da Allah(S.W.T) al faraone d'Egitto e agli israeliti come guida e avvertimento.

Il Profeta Musa(A.S) è cresciuto come il principe. I faraoni che governavano l'Egitto erano molto crudeli nei confronti dei discendenti del Profeta Yaqoob(A.S). Questi discendenti erano conosciuti come "i figli di Israele".

IL SOGNO DEL FARAONE E LA NASCITA DI PROFETA MUSA(A.S)

Erano tenuti come schiavi e costretti a lavorare per piccoli salari, e a volte anche per niente. Il faraone voleva che gli israeliti obbedissero solo a lui e adorassero solo i suoi dei. In questo modo molte dinastie giunsero in Egitto, e si presumeva che fossero dei o il loro portavoce rappresentativo. Passarono gli anni, e un uomo molto crudele di nome Phir'oun era il faraone ora. Odiava molto gli israeliti. Punì quegli israeliti ad ogni occasione. Odiava vederli moltiplicarsi e prosperare nel suo regno. Una notte, mentre il faraone dormiva, fece un sogno. Nel sogno vide che un'enorme palla di fuoco veniva dal cielo e bruciava la città. Il fuoco bruciò le case di tutti gli egiziani, ma le case degli israeliti rimasero illese. Il faraone rimase inorridito. Non capiva cosa significasse il sogno. Così, il giorno dopo, chiamò i suoi sacerdoti e i suoi maghi. Chiese loro del sogno che aveva fatto.

Il sacerdote gli disse: "Questo significa che molto presto nascerà un bambino per gli israeliti". Gli egiziani periranno per mano di questo ragazzo".

Il faraone si è infuriato. Ordinò di uccidere ogni bambino maschio nato dagli israeliti. L'ordine del faraone fu eseguito, e i soldati cominciarono a uccidere ogni bambino maschio nato dagli israeliti. Fu in quel periodo che nacque il Profeta Musa(A.S). Il Profeta era nato da una povera famiglia israelita, e aveva un fratello maggiore di nome Haroon(A.S), e anche una sorella. Allah(S.W.T) aveva un piano per il Profeta. Ordinò a sua madre di metterlo in una cesta e di lasciarlo galleggiare a valle nel grande fiume Nilo.

Sua madre fece come le era stato detto, e lo lasciò galleggiare nel fiume. Il suo cuore era addolorato per suo figlio. Ma sapeva che Allah$^{(S.W.T)}$ si prendeva cura di suo figlio e sapeva che non gli sarebbe stato fatto alcun male. Mentre la cesta galleggiava via, chiese a sua figlia di seguire la cesta a valle e di assicurarsi che non gli venisse fatto alcun male. La cesta galleggiò a lungo nel fiume, e la sorella del Profeta seguì la cesta come le aveva insegnato la madre.

Allah$^{(S.W.T)}$ stava guidando il cesto e dopo aver galleggiato sul fiume Nilo per qualche tempo, il cesto è entrato in un piccolo ruscello. La moglie del faraone stava facendo il bagno in quel ruscello e quando vide la cesta, chiese ai suoi servi di portarla a riva. Quando vide il bambino, se ne innamorò. La moglie del faraone era molto diversa dal faraone. Era una credente, ed era anche misericordiosa. Desiderava un bambino, così quando vide il bambino, lo abbracciò e lo baciò. Sorprese il faraone quando vide sua moglie abbracciare e baciare il bambino. Rimase stupito quando la vide piangere con la gioia che non aveva mai visto prima.

"Lasciatemi tenere questo bambino e lasciate che sia un figlio per noi", chiese al marito.

Il faraone non poteva rifiutarla e decisero di adottare il bambino. Dopo un po' di tempo, il bambino cominciò ad avere fame e a piangere. La Regina convocò alcune balie per allattare il bambino, ma lui si rifiutò di prendere il loro latte materno. Fu allora che i soldati portarono la sorella dalla regina.

"Questa ragazza stava seguendo il cestino", le dissero.

Allora la sorella rispose: "Stavo solo seguendo il cestino per curiosità, vostra altezza".

Quando ha visto suo fratello piangere, si è preoccupata. Si è confusa.

"La regina accettò e ordinò ai soldati di andare a prendere la donna di cui parlava la bambina. La sorella del Profeta portò poi la madre, che iniziò a dargli da mangiare. Mentre la bambina veniva messa al seno, lui iniziò subito ad allattare il latte. Il faraone che guardava tutto questo rimase stupito e chiese: "Chi sei tu? Questo bambino si è rifiutato di prendere qualsiasi altro seno che non fosse il tuo".

La madre del Profeta sapeva che se avesse detto loro la verità, li avrebbero uccisi immediatamente. Così, disse loro: "Sono una donna di latte dolce e di odore dolce". Ecco perché nessun bambino mi rifiuta". La sua risposta soddisfò il faraone, e la nominarono sua infermiera.

PROCESSO DAL PRINCIPE D'EGITTO AL DURO LAVORATORE DI MADIAN

Musa(A.S) è cresciuto nel palazzo come un principe. Allah gli ha concesso salute, forza, conoscenza e saggezza. Aveva un cuore gentile, così i deboli e gli oppressi si rivolgevano spesso a lui in cerca di aiuto. Un giorno, mentre camminava in città, vide un soldato egiziano che picchiava un israelita. Quando l'israelita vide il Profeta, lo pregò di aiutarlo. Il Profeta decise di aiutare il pover'uomo e chiese al soldato di smettere di picchiare l'israelita. Il soldato ha messo in dubbio la sua autorità e ha detto qualcosa che ha fatto arrabbiare il Profeta. Il Profeta cercò prima di ragionare con il soldato, ma non era disposto ad ascoltare. Poi il Profeta si è fatto avanti e ha colpito il soldato con un colpo così forte che è crollato ed è morto. Quando si rese conto di ciò che aveva fatto, gli uscì un sudore freddo dalla fronte.

Disse a se stesso: "Questa è l'opera malvagia di Shaitaan. Mi ha ingannato".

Il Profeta sapeva che era un peccato uccidere qualcuno fino a quando non fosse stato processato e giudicato colpevole. Si inginocchiò a terra e pregò Allah,

"O mio Signore! Ho fatto un torto alla mia anima. Ti prego, perdonami".

Il giorno dopo, vide lo stesso israelita combattere con un altro uomo. Il Profeta aiutò i più deboli e disse: "Sembra che tu sia coinvolto in combattimenti ogni giorno con l'uno o l'altro".

L'israelita si è spaventato e ha detto: "Mi dispiace tanto. Ti prego, non uccidermi come hai ucciso un soldato ieri".

L'egiziano con cui l'israelita stava combattendo ha sentito per caso le osservazioni e ha riferito alle autorità. Il giorno dopo, quando Musa$^{(A.S)}$ stava camminando in città, un uomo gli corse incontro.

"Musa! i soldati stanno venendo ad arrestarti. Scappa finché sei ancora in tempo" disse l'uomo.

Il Profeta sapeva che la pena per l'uccisione di un egiziano era la morte, così decise di lasciare l'Egitto. Il Profeta lasciò l'Egitto in fretta e furia. Non si preoccupò nemmeno di cambiarsi i vestiti. Non era preparato a viaggiare, quindi non aveva un animale da cavalcare, né una carovana. Se n'era andato non appena l'uomo l'aveva avvertito.

Il Profeta Musa$^{(A.S)}$ ha vagato nel deserto per molti giorni e notti. Viaggiò in direzione di 'Madian', che era la città più vicina tra la Siria e l'Egitto. Il suo unico compagno nel deserto era Allah, e la sua unica provvidenza era la pietà. La sabbia rovente gli bruciava le piante dei piedi, ma temendo l'inseguimento dei soldati, si costringeva a continuare a camminare. Camminava per otto giorni e otto notti in queste condizioni. Il Profeta riuscì finalmente ad attraversare il deserto, e raggiunse la periferia di Madian. Dopo aver camminato ancora per un po' di tempo, raggiunse un abbeveratoio fuori città. Appena raggiunta la sorgente, si gettò sotto un albero per riposare un po' di tempo. Mentre prendeva fiato, notò due donne in piedi in disparte con le loro pecore. Erano in piedi lontano, esitanti ad avvicinarsi alla folla. Il Profeta intuì che la donna aveva bisogno di aiuto. Quindi, essendo un uomo d'onore, ignorò la sua spinta e andò da loro.

"Posso aiutarvi in qualche modo? Perché ti fai da parte", chiese loro.

Allora la sorella maggiore rispose: "Aspettiamo che gli uomini finiscano di innaffiare le loro pecore".

"Perché aspettate?", chiese loro di nuovo.

"Siamo impotenti", hanno detto.

"Nostro padre è molto vecchio e non ha la forza di affrontare questa folla. Se andiamo avanti, questi uomini forti ci metteranno da parte". Così, quando queste persone avranno finito, allora porteremo i nostri animali in acqua. È la nostra routine quotidiana", ci hanno spiegato.

Il Profeta portò le pecore delle donne alla pozza d'acqua dove si spingeva facilmente tra gli uomini. Quando si avvicinò all'acqua, vide che i pastori avevano messo la grande roccia per coprire il pozzo. Il Profeta sollevò la roccia da solo e lasciò bere gli animali. Le persone che erano lì in piedi rimasero stupefatte quando lo videro sollevare la pietra con una sola mano. Poi tornò a sedersi all'ombra dell'albero. Fu allora che si rese conto di aver dimenticato di bere.

"O Signore", pregava, "Qualunque bene tu possa darmi, ora ne ho sicuramente bisogno".

Quando le loro figlie sono tornate a casa prima del solito, ha sorpreso il padre. Le figlie hanno poi spiegato cosa è successo all'Oasi e perché sono arrivate in anticipo. Il padre voleva ringraziare lo sconosciuto, così ha mandato una delle sue figlie a invitare lo sconosciuto a casa sua. Una delle figlie tornò dal Profeta e gli disse: "Mio padre vuole ricompensarvi per la vostra gentilezza e vi invita a casa nostra". Egli acconsentì e accompagnò la fanciulla dal padre.

Quando arrivarono alla casa, il Profeta si presentò e gli raccontò la storia della sua vita. Poi raccontò loro il motivo della sua fuga dall'Egitto. Il vecchio lo confortò: "Siate grati ad Allah per essere riusciti a fuggire da quei tiranni". Non devi avere paura adesso".

Al vecchio e alle sue figlie piaceva molto il comportamento gentile del Profeta. Lo invitarono a stare con loro per qualche giorno, e il Profeta fu più che felice di accettare il loro invito. L'ostia si rese presto conto che il Profeta era un uomo di fiducia.

Un giorno il vecchio gli si avvicinò e gli disse: "Voglio darti in sposa a una delle mie figlie".

Il Profeta era felice di sentirlo.

"Ma a una condizione", aggiunse il vecchio. "Devi accettare di lavorare per me per un periodo di otto anni".

Il Profeta Musa[A.S] era uno straniero in una terra straniera. Esausto e solo, questa offerta gli si addiceva molto. Sposò la figlia del Madianita e si prese cura dei suoi animali per dieci lunghi anni. Il tempo passò, e rimase lontano dalla sua famiglia e dalla sua gente. Questo periodo di dieci anni fu molto importante per il Profeta. Era un periodo di grande preparazione. Musa[A.S] completò dieci anni del suo servizio come aveva promesso.

IL MONTE TUR & LA RIVELAZIONE DI ALLAH

Un giorno, all'improvviso, è stato sopraffatto dalla nostalgia di casa. Cominciò a sentire la mancanza della sua famiglia e della terra d'Egitto. Voleva disperatamente tornare in Egitto. Quella sera andò da sua moglie e disse: "Domani partiremo per l'Egitto".

La moglie ha accettato, e hanno iniziato a fare le valigie. Musa(A.S) lasciò Madian con la sua famiglia e viaggiò attraverso il deserto. Viaggiarono per molti giorni e finalmente raggiunsero il Monte Sinai.

"Credo che abbiamo perso la strada", disse il Profeta.

Musa(A.S) non era sicuro, così decise di accamparsi lì per la notte. Poi se ne andò alla ricerca di legna da ardere per accendere un fuoco. Continuò a cercare e raggiunse il monte Tur. Camminando, notò un fuoco che bruciava sulla cima della montagna. Musa(A.S) camminò verso il fuoco e, mentre camminava, sentì una voce.

"O Musa! Io sono Allah, il Signore dell'Universo" disse la voce.

Il Profeta Musa(A.S) si rese conto che era davvero Dio a parlare con lui, e così si incamminò verso il fuoco. Allah(S.W.T) chiese allora al Profeta di togliersi le scarpe mentre era in piedi su un terreno sacro. Dio gli rivelò allora che era stato scelto per una missione speciale e gli chiese di seguire le sue istruzioni.

"E cosa c'è nella tua mano destra?" Glielo chiese Allah.

"Questo è il mio staff", rispose. "Su cui mi appoggio, e con cui abbatto i rami per le mie pecore".

"Butta giù il tuo bastone!", comandava la voce. E non appena il Profeta gettò giù il bastone che si trasformò in un serpente che si contorceva. Musa$^{(A.S)}$ era così spaventato che cominciò a correre.

Ma la voce ha detto: "Non temere e afferra il tuo bastone, lo riporteremo al suo stato precedente".

Il Profeta era terrorizzato dal serpente. Allora si fidò della voce e mise la mano sul serpente. Si ritrasformò immediatamente in un bastone.

La paura di Musa$^{(A.S)}$ si placa e viene sostituita dalla pace, quando si rende conto che sta parlando con Dio. Poi, Allah$^{(S.W.T)}$ gli ordinò di mettere la mano dentro la veste. Il Profeta fece come gli era stato ordinato, e quando tirò fuori la mano, essa risplendeva brillantemente.

Allah gli ordinò allora di andare in Egitto e di affrontare il faraone. Gli disse che il faraone era diventato arrogante e che stava sopprimendo gli Israeliti. Musa$^{(A.S)}$ temeva che sarebbe stato arrestato se fosse tornato in Egitto. Allora egli disse: "Oh Allah! Ho ucciso un uomo tra loro, e temo che mi uccideranno".

Allora Allah$^{(S.W.T)}$ lo confortò dicendogli: "Andate e consegnate loro questo messaggio". Mostrate loro il cammino della verità. Prendi tuo fratello Haroon, per aiutarti. Non potranno farvi alcun male".

Allah$^{(S.W.T)}$ gli assicurò la sua sicurezza e il Profeta ne fu convinto.

RIUNIONE DEI FRATELLI E LA PRIMA SFIDA ALL'ARROGANZA DEL FARAONE

Il Profeta prese allora la sua famiglia e partì verso l'Egitto. Camminarono per molti giorni e infine arrivarono in Egitto. Quando arrivarono fuori città, suo fratello Haroon(A.S) lo stava aspettando. Anche Haroon(A.S) era un Profeta. Aveva ricevuto la visione da Dio, e nella visione aveva visto che suo fratello minore sarebbe presto arrivato per liberare gli israeliti. Quando Musa(A.S) si rese conto che questo era suo fratello, era in lacrime. Poi entrambi si diressero verso il palazzo. Il Profeta non era stato in Egitto per molti anni e sapeva che la sua vita era in pericolo. Niente avrebbe potuto riportarlo indietro se non il comando di Allah(S.W.T).

Il Profeta poteva ancora sentire le parole di Allah che risuonavano nelle sue orecchie: "Va' dal faraone e digli di lasciare la terra d'Egitto agli Israeliti".

Musa(A.S) ora si trovava di fronte al Faraone insieme a suo fratello. Il Profeta parlò al faraone di Allah(S.W.T) e della sua misericordia. Ma il faraone si rifiutò di ascoltare perché si considerava un dio. Ascoltò il discorso del Profeta con disprezzo. Pensava che il Profeta fosse pazzo a mettere in dubbio la sua posizione suprema. Dopo che il Profeta finì di consegnare il messaggio di Allah, il Faraone alzò la mano e chiese: "Che cosa vuoi?

"Voglio che mandi i figli di Israele con noi", rispose il Profeta.

"Gli israeliti sono miei schiavi. Perché dovrei mandarli con voi?"

"Non sono i vostri schiavi, sono gli schiavi di Allah". Rispose Musa.

Questa risposta fece arrabbiare il faraone. "Non sei Musa?"

Il Profeta scosse la testa e rispose: "Sì".

"Siamo venuti a prenderti sul fiume Nilo e ti abbiamo tirato su, non è vero?" chiese il faraone. "Non sei Musa che ha ucciso un uomo egiziano? Sei una fuggitiva della giustizia, e come osi venire a parlare con me?".

Il Profeta ignorò il suo sarcasmo e spiegò che aveva ucciso l'egiziano in un incidente. Non è mai stato intenzionale. Poi informò il faraone che Allah(S.W.T) gli aveva concesso il perdono e che ora era uno dei suoi messaggeri.

Il faraone chiese a Musa(A.S) di mostrare un segno per dimostrare che era il messaggero di Dio. Il Profeta gettò il suo bastone a terra. Si trasformò in un serpente, strisciando e scivolando lungo il pavimento. All'inizio il faraone era terrorizzato, ma si sforzò di non mostrarlo.

"Ah!" disse il faraone con arroganza.

"Abbiamo molti stregoni nel nostro regno che possono eguagliare la tua magia".

Si rivolse ai suoi consiglieri: "Questi sono due maghi che vi spoglieranno delle vostre migliori tradizioni e vi cacceranno dal paese con la loro magia. Cosa consigliate?"

I consiglieri dissero al faraone di trattenere Musa(A.S) e suo fratello mentre convocavano i maghi più intelligenti del paese. Poi anche loro potevano mostrare le loro abilità magiche e trasformare i bastoni in serpenti. In questo modo cercarono di ridurre l'influenza dei suoi miracoli sulle masse.

Il faraone trattenne il Profeta e suo fratello a palazzo. Poi convocò a palazzo tutti i migliori maghi del suo regno. Il faraone promise loro enormi ricompense se la loro magia fosse stata trovata migliore di quella del Profeta.

Nel consueto giorno della festa, che richiamava cittadini da tutto l'impero egiziano, il faraone organizzò un concorso pubblico tra Musa[A.S] e i maghi. Il popolo si avvicinò a frotte come non mai quando sentì parlare della più grande gara di sempre tra i molti maghi del faraone e un solo uomo che si spacciava per un Profeta. Avevano anche sentito parlare di un bambino che una volta aveva galleggiato in una cesta lungo il fiume Nilo, era atterrato sul terreno del palazzo del faraone, era stato allevato come un principe, e che più tardi era fuggito per aver ucciso un egiziano con un solo colpo.

CONCORSO TRA PROFETA MUSA(A.S) E I MAGHI DELL'EGITTO

Il giorno del concorso arrivò il giorno del concorso e il palazzo era affollato di gente. I maghi stavano da una parte e il Profeta Musa(A.S) e suo fratello Haroon(A.S) si trovavano di fronte a loro. Tutti nel palazzo si schierarono dalla parte del faraone, e il Profeta e suo fratello rimasero soli.

Tutti erano ansiosi ed entusiasti di assistere a questo grande concorso. Prima che iniziasse, è nata Musa(A.S). C'era silenzio nell'enorme folla. Musa(A.S) si rivolse ai maghi.

"Dolore a voi, se inventate una menzogna contro Allah chiamando i Suoi miracoli con la magia e non essendo onesti con il faraone. Guai a voi se non conoscete la differenza tra la verità e la falsità". Allah vi distruggerà con il Suo castigo, perché chi mente contro Allah fallisce miseramente".

Musa(A.S) aveva parlato con sincerità e fatto riflettere i maghi. Ma sono stati sopraffatti dalla loro avidità di denaro e di gloria. Speravano di impressionare il popolo con la loro magia e di smascherare Musa(A.S) come un truffatore e un imbroglione.

Musa(A.S) ha chiesto ai maghi di esibirsi per primi. Si dice che ci fossero più di settanta maghi in fila. I maghi lanciarono i loro bastoni e le loro vesti, e improvvisamente il pavimento fu inondato da un mare di serpenti. Si contorcevano e strisciavano ovunque. Il faraone e i suoi uomini applaudirono a gran voce. Quando videro questo, la folla rimase sbalordita, e pensarono che il Profeta non avrebbe mai sconfitto una magia così potente.

Anche Musa(A.S) aveva paura, ma sapeva che Allah era dalla sua parte. Il Profeta gettò il suo bastone a terra, e improvvisamente si trasformò in un serpente gigantesco. La gente si alzò, alzando il collo per avere una vista migliore. Il faraone e i suoi uomini si sedettero in silenzio mentre il serpente mangiava uno ad uno tutti gli altri piccoli che giacevano a terra. Musa(A.S) si piegò per raccoglierlo, e divenne un bastone nella sua mano.

Quando la folla ha visto questo, si è alzata in piedi come un'onda per applaudire il Profeta. Una meraviglia come questa non si era mai vista prima. I maghi erano sorpresi e sapevano che non era solo un trucco e che il serpente era reale. Si resero conto che Musa(A.S) non era un mago o uno stregone e che il suo potere veniva da qualcosa di più grande. Così, caddero in ginocchio in cerca del perdono di Allah. Allah li perdonò, ma il faraone si infuriò.

"Come potete credere nel suo Dio prima che vi dia il mio permesso?", chiese loro con rabbia.

I maghi risposero: "Fate quello che volete, ma noi temiamo il castigo di Allah molto più di voi".

Il faraone si è arrabbiato quando ha sentito questo. Ora si rese conto di avere un problema, poiché il Profeta continuava a chiedergli di liberare gli israeliti. Costruì il suo regno sul timore degli Israeliti e tutti lo credevano un dio. Ora era preoccupato che il suo regno stesse per essere distrutto.

LA PUNIZIONE DI ALLAH AGLI EGIZIANI

Dopo il concorso, il faraone si sentì minacciato da Musa(A.S) ma divenne più arrogante. Convocò tutti i ministri e i leader per un incontro serio.

"Sono un bugiardo, o Haman?" Ha aperto la sessione con questa domanda.

Haman si alzò e chiese: "Chi ha osato accusarti di mentire?

"Non ha detto Musa che c'è un Signore in cielo?"

"Musa sta mentendo", disse Haman.

Il faraone ordinò allora di uccidere e torturare tutti coloro che seguivano il Profeta. I soldati iniziarono allora a torturare gli israeliti. Uccisero gli uomini, e nemmeno i bambini furono risparmiati. Imprigionarono chiunque osasse opporsi a loro. Il Profeta rimase a guardare i loro orribili atti impotenti. Chiese alla gente di essere paziente e di avere fede in Allah(S.W.T).

Allah ordinò a Musa(A.S) di avvertire il faraone che lui e gli egiziani avrebbero subito una severa punizione se i figli di Israele non fossero stati liberati. Il Profeta andò ad incontrare di nuovo il faraone. Poi fece un'altra richiesta per liberare gli israeliti, ma il faraone rifiutò. Fu allora che Dio afflisse l'Egitto con una grave siccità. Anche le verdi e fertili vallate del Nilo cominciarono ad appassire e a morire. I raccolti fallirono e gli animali morirono. Anche se gli egiziani soffrivano a causa della carestia, il faraone si rifiutò di obbedire e rimase arrogante. Poi Dio mandò un'enorme inondazione a devastare la terra d'Egitto. Annegò gli abitanti del villaggio, i raccolti furono distrutti e molti egiziani furono uccisi. Allora il popolo, compresi i capi ministri, si appellò al Musa(A.S).

"Musa!", gridavano. "Per favore, aiutaci! Crederemo in te e nel tuo Dio se ci toglierai questa punizione. Lasceremo che i figli di Israele vengano con te".

Il Profeta ha poi pregato Dio e la terra è tornata alla normalità. Divenne fertile, e i raccolti crebbero di nuovo. Ma i figli di Israele erano ancora schiavizzati. Non gli fu permesso di andarsene come promesso. Il Profeta chiese loro di adempiere alla loro promessa, ma essi non diedero ascolto alla sua richiesta. Lo ignorarono e se ne andarono.

Pregò di nuovo Dio e questa volta Allah mandò le piaghe delle locuste in Egitto. Le cavallette attaccarono i raccolti e ingoiarono tutto ciò che si trovava sul loro cammino. Il popolo si precipitò dal Profeta implorando il suo aiuto. I ministri promisero di lasciar andare gli israeliti se avesse mandato via le locuste. Il Profeta pregò di nuovo Dio e la locusta se ne andò. Ma anche adesso, non hanno lasciato andare gli israeliti come avevano promesso. Dopo di che Dio mandò la peste dei pidocchi, diffondendo la malattia tra gli Egiziani. Seguì una piaga di rane che molestava e terrorizzava il popolo.

Ogni volta che Dio inviava il suo castigo, il popolo si precipitava dal Profeta implorando di salvarlo. Promettevano di liberare gli israeliti ogni volta, ma quando Dio ritirava le punizioni, si rifiutavano di lasciarli andare. Poi l'ultimo segno, "il segno del sangue", fu rivelato. L'acqua del fiume Nilo si trasformò in sangue. L'acqua appariva normale quando gli israeliti bevevano dal fiume. Tuttavia, se un egiziano riempiva il suo calice d'acqua, l'acqua si trasformava in sangue. Si affrettarono verso il Profeta come al solito, e non appena tutto tornò alla normalità, voltarono le spalle ad Allah$^{(S.W.T)}$.

Gli egiziani rifiutano di credere in Allah nonostante i miracoli che Musa$^{(A.S)}$ ha compiuto. Il popolo del faraone si appellava a Musa$^{(A.S)}$ promettendo di liberare gli israeliti, ma più volte ha infranto le sue promesse.

L'ESODO E LA MORTE DEL FARAONE

Infine, Dio ritirò la sua misericordia e diede ordine a Musa(A.S) di condurre il suo popolo fuori dall'Egitto. Il popolo portò con sé i suoi gioielli e altre cose. Questa migrazione di massa fu poi conosciuta come "l'Esodo".

Nell'oscurità della notte, il Profeta condusse il suo popolo verso il Mar Rosso. Ormai il faraone si era reso conto che gli israeliti avevano lasciato la città. Si infuriò e radunò un esercito per seguire e catturare gli israeliti.

Al mattino presto, gli israeliti avevano raggiunto il Mar Rosso. Quando il Profeta Musa(A.S) si guardò indietro, vide l'esercito avvicinarsi sempre più. Si rese conto che presto sarebbero rimasti intrappolati. Davanti a loro c'era il Mar Rosso e alle loro spalle l'esercito del faraone.

La paura e il panico cominciarono a diffondersi tra la gente. Musa(A.S) camminava verso il bordo del Mar Rosso e guardava l'orizzonte. Fu allora che Yusha(A.S) si voltò verso il Profeta Musa(A.S) e chiese: "Davanti a noi c'è questa barriera invalicabile - il mare. E il nostro nemico si avvicina da dietro. Sicuramente la morte non può essere evitata".

Ma il Profeta Musa(A.S) non si fece prendere dal panico. Rimase in silenzio e aspettò che Allah(S.W.T) mantenesse la sua promessa - liberare i figli di Israele. In quel momento, Allah ordinò a Musa(A.S) di colpire il mare con il suo bastone. Musa(A.S) fece come gli era stato ordinato.

Soffiava un vento feroce. Il mare cominciò a turbinare e a girare. E all'improvviso, il mare si separò rivelando un sentiero per la gente che camminava. Fu un miracolo. Musa$^{(A.S)}$ condusse allora il suo popolo attraverso il mare. Mentre camminavano, l'onda si alzava come una montagna su ogni lato. Il Profeta si assicurò che tutti attraversassero il mare in sicurezza. Quando si guardò indietro, poté vedere il faraone e i suoi uomini avvicinarsi.

> *"Tranne quelli che sono pazienti e compiono azioni giuste; quelli avranno il perdono e una grande ricompensa". [Hud 11:11]*

Anche il faraone e il suo esercito avevano visto questo miracolo. Ma il faraone era un impostore. Voleva prendersi il merito di questo miracolo, così gridò ai suoi uomini: "Guardate! il mare si è aperto al mio comando, perché li arrestiamo".

Si precipitarono attraverso le acque separate seguendo gli israeliti. Ma quando arrivarono a metà strada, l'acqua si infranse su di loro.

Il faraone si rese conto che stava per morire. Gridò per paura: "Credo che non c'è altro Dio all'infuori di Allah e mi arrendo a voi".

Ma era troppo tardi. Il sipario cadde sulla tirannia del faraone e le onde portarono il suo corpo a riva. Quando gli Egiziani videro il suo corpo morto, si resero conto che l'uomo che avevano adorato non riusciva a tenere lontana la propria morte. Ora sapevano che non era mai stato un dio.

LA DISOBBEDIENZA DEGLI ISRAELITI

Dio aveva favorito i figli di Israele e li aveva condotti sani e salvi fuori dall'Egitto. Dopo alcuni giorni di cammino nel deserto, hanno avuto sete. Dio ordinò allora a Musa[A.S] di colpire una roccia con il suo bastone. Accadde un miracolo e dalla roccia sgorgarono dodici diverse sorgenti d'acqua. Ogni sorgente era destinata a dodici diverse tribù. Dio ha fatto questo in modo che non ci fosse alcuna disputa mentre si condivideva l'acqua. Dio mandò anche delle nuvole per proteggerle dal sole cocente. E quando erano affamati, mandò un cibo speciale delizioso chiamato Manna. Ma nonostante la generosità di Dio, molte persone continuavano a lamentarsi con il Profeta.

Musa[A.S] rimproverò la gente e ricordò loro che erano appena usciti dalla vita di schiavitù. Chiese loro di essere felici, invece, e ringraziò Dio per la sua generosità.

I figli degli israeliti erano persone distrutte, incapaci di stare lontano dal peccato e dalla corruzione. Erano stanchi di Manna, e stanchi di viaggiare. Si chiedevano se ci fosse davvero un posto chiamato 'Caananan', dopo tutto. La gente continuava a viaggiare attraverso il deserto per giorni e giorni. Camminavano senza meta, giorno e notte, mattina e sera. Alla fine sono entrati nel "Sinai".

Musa[A.S] si rese conto che questo era il luogo dove aveva parlato con Dio prima del suo viaggio in Egitto. Decise di scalare la montagna, così chiamò suo fratello Haroon[A.S] e gli chiese di occuparsi del popolo mentre era via. Ma prima di scalare la montagna, Dio ordinò al Profeta di digiunare per trenta giorni. Il trentesimo giorno, Dio chiese al Profeta di digiunare per altri dieci giorni. Dopo che il digiuno fu completato, Musa(A.S) era pronta a parlare di nuovo con il Signore. Poi iniziò a scalare la montagna. La scalata è stata lunga e difficile.

Una volta raggiunto il vertice, Dio gli diede due tavolette, in cui erano scritte le leggi speciali per governare gli israeliti. Musa(A.S) era andato via per quaranta giorni e il popolo era diventato inquieto. Erano come bambini, si lamentavano e agivano d'impulso. Tra di loro c'era un uomo di nome 'Samiri', che era più incline al male.

Suggerì che avevano bisogno di un'altra guida e disse loro che il Profeta Musa(A.S) li aveva abbandonati.

"Per trovare una vera guida, avete bisogno di un vero Dio", gridò questo agli israeliti. "Ve ne fornirò uno", cominciò a raccogliere tutti i loro gioielli all'inizio. Poi scavò una buca nel terreno, in cui ne mise un sacco, e vi mise dentro tutti i gioielli. Poi accese un fuoco.

Samiri ha poi fatto un vitello d'oro con il metallo fuso. Era come se fossero riusciti a fare un dio.

Haroon(A.S), il fratello del Profeta Musa(A.S), all'inizio aveva paura di opporsi al popolo. Ma quando vide l'idolo, parlò ad alta voce,

"State commettendo un peccato grave", gridò loro. Li mise in guardia dalle conseguenze delle loro azioni.

"Smetteremo di adorare questo dio solo quando Musa(A.S) tornerà", risposero.

Coloro che sono rimasti fedeli al loro credo si sono separati dagli adoratori degli idoli. Stavano insieme ad Haroon(A.S). Quando Musa(A.S) tornò, vide il suo popolo danzare intorno all'idolo. Il suo cuore era pieno di vergogna e di rabbia. Nella sua rabbia gettò a terra le tavolette. Poi tirò la barba di Haroon e i suoi capelli gridando: "Cosa ti ha trattenuto quando li hai visti fare questo? Perché non li hai combattuti?".

"O figlio di mia madre, lascia andare la mia barba. Stavano per uccidermi". Musa(A.S) capì l'impotenza di Haroon, e cominciò a gestire la situazione con calma e con saggezza. Chiamò Samiri e gli disse: "Vattene via di qui". Vivrai per il resto della tua vita da solo". Musa(A.S) lo mandò in esilio per sempre. Sapeva che Allah li avrebbe puniti per aver adorato l'idolo. Così scelse settanta anziani da ogni tribù e li ordinò.

"Affrettatevi verso Allah(S.W.T) e pentitevi di ciò che avete fatto". Poi ha iniziato a scalare il Monte Sinai con quei settanta anziani. Una volta raggiunta la cima, il Profeta chiese agli anziani di aspettarlo e lui andò avanti. Lì cominciò a comunicare con Allah(S.W.T).

Gli anziani potevano sentire Musa(A.S) parlare con Dio, ma non potevano vederlo. Il Profeta tornò dopo qualche tempo e gli anziani glielo dissero,

"O Musa! Non crederemo mai in te finché non vedremo Allah in persona".

La loro ostinata richiesta è stata premiata con fulmini punitivi e un terremoto, che li ha uccisi tutti all'istante. Musa(A.S) era molto triste ora. Si chiedeva cosa avrebbe detto ai figli degli israeliti. Quei settanta uomini erano i migliori del popolo. Così si rivolse a Dio e pregò per il perdono. Allah ascoltò le sue preghiere e resuscitò il popolo morto.

I figli di Israele hanno vagato nel deserto per molti anni. Musa$^{(A.S)}$ ha sofferto molto a causa dell'ignoranza del suo popolo. Ha sofferto tutto per il bene del suo popolo. Allah non ha mai permesso loro di raggiungere la terra promessa a causa dei peccati commessi dagli Israeliti.

LA MORTE DEL PROFETA MUSA(A.S)

Dopo alcuni anni, il Profeta Haroon(A.S) morì, mentre vagavano nel deserto. Quando arrivò l'ora della morte del Profeta Musa(A.S), l'angelo della morte fu mandato da lui. Quando l'angelo venne dal Profeta, gli diede uno schiaffo sull'occhio. L'angelo tornò al Signore e disse: "Mi avevi mandato da uno schiavo che non voleva morire".

Allora Allah disse: "Ritorna a lui ora". Quando lo incontrate, chiedetegli di mettere la mano sul dorso di un bue. Digli che per ogni pelo che gli passa sotto il braccio, gli sarà concesso un anno di vita".

L'angelo tornò dal Profeta e gli diede il messaggio di Allah.

"Cosa succederà dopo?" Chiese Musa(A.S).

"La morte", disse l'Angelo.

"Allora che venga ora", rispose il Profeta.

Il Profeta chiese allora ad Allah(S.W.T) di lasciarlo morire vicino alla Terra Santa, in modo che potesse almeno vederlo da lontano. Allah acconsentì alla sua richiesta, e morì poco dopo.

Il Profeta Musa(A.S), colui al quale Allah(S.W.T) ha parlato direttamente, ha incontrato la sua morte con un'anima contenta e un cuore fedele.

Profeta Salomone

(La Pace Sia Con Lui)

Il Più Grande Re Mai Governato

Il Profeta Sulaiman (Salomone)(A.S) ha ereditato il profetismo e il dominio del Profeta Dawud (Davide)(A.S). Questa non è stata un'eredità materiale, poiché i Profeti non lasciano le loro proprietà. Viene data via ai poveri e ai bisognosi, non ai loro parenti.

Il Profeta Muhammad(P.B.U.H.) ha detto,

"I beni dei Profeti non saranno ereditati, e tutto ciò che lasceremo sarà usato per la carità".

(Sahih Al-Bukhari)

Il Profeta Sulaiman(A.S) è stato molto intelligente fin da bambino. Un giorno, due persone sono venute con la loro valigia davanti al Profeta Dawud(A.S) in presenza di Sulaiman(A.S). Uno di loro era un contadino e l'altro un povero pastore. Il contadino si lamentava che le pecore del povero pastore pascolavano sopra la sua fattoria e causavano danni significativi. Chiese un risarcimento al pastore. Dawud(A.S) ordinò al pastore di dare tutte le sue pecore al contadino come risarcimento.

Sulaiman(A.S), con il dovuto rispetto per il giudizio del padre, prese il permesso e suggerì umilmente un'altra opzione. Suggerì che il povero pastore prendesse la fattoria e la coltivasse e che il contadino tenesse le pecore e usasse il loro latte e la loro lana. Quando la fattoria viene riportata alle sue condizioni originali, il contadino dovrebbe riprendere la fattoria e le pecore devono essere restituite al pastore. Dawud(A.S) è rimasto stupito dalla soluzione e l'ha apprezzata e non ha esitato ad accettare un suggerimento del bambino.

Il Profeta Dawud(A.S) era un re saggio, e quando morì, il Profeta Sulaiman(A.S) divenne re. Egli supplicò Allah(S.W.T) per un regno così grande e potente, come nessuno dopo di lui avrebbe fatto, e Allah esaudì il suo desiderio. Oltre alla saggezza, Allah aveva benedetto Sulaiman(A.S) con molti miracoli. Poteva controllare i venti, e poteva facilmente percorrere distanze interminabili in un breve periodo di tempo con l'aiuto del vento, e capire e parlare con gli uccelli e gli animali. Anche i Jinns, che ora sono una creazione invisibile agli occhi degli umani, erano sotto il comando di Sulaiman(A.S). Era l'unica persona a cui Allah aveva concesso il potere di controllare i Jinns. Egli poteva comandarli e utilizzarli per il suo servizio. Poteva anche farli soffrire per la disobbedienza.

Allah(S.W.T) gli ha ordinato di insegnare sia agli uomini che ai jinns, di estrarre la terra e di estrarne i minerali per costruire strumenti e armi. Lo favorì anche con una miniera di rame, che a quei tempi era un metallo raro.

In quel periodo, i cavalli erano il mezzo di trasporto comune. Erano molto essenziali per la difesa, per trasportare soldati e provviste di carri e armi da guerra. Gli animali erano ben curati e ben addestrati. Un giorno, Sulaiman(A.S) stava recensendo una parata della sua scuderia. La forma fisica, la bellezza e la postura dei cavalli lo affascinavano così tanto che continuava ad accarezzarli e ad ammirarli. Questo occupò la sua mente per un po' di tempo che in qualche modo influenzò la sua adorazione di Allah$^{(S.W.T)}$. Questo gli fece capire che le cose terrene potevano influenzare il ricordo di Allah$^{(S.W.T)}$ e dopo di ciò si pentì verso il Signore.

Una volta, Sulaiman$^{(A.S)}$ radunò il suo esercito, che aveva diversi battaglioni di uomini, jinns, uccelli e animali. Li fece marciare verso il paese di Askalon. Mentre attraversavano una valle, una formica vide l'esercito che si avvicinava e gridò per avvertire le altre formiche,

"Correte a casa vostra! Altrimenti Sulaiman$^{(A.S)}$ e il suo esercito, ignaro, potrebbero schiacciarvi!"

Sulaiman$^{(A.S)}$, sentendo il grido della formica, sorrise. Era contento che la formica lo conoscesse come un Profeta che non avrebbe intenzionalmente danneggiato la creazione di Allah. Ringraziò Allah per aver salvato la vita delle formiche.

L'ASSENZA DI UPUPA (HUD-HUD)

A Gerusalemme, su un'enorme roccia, Sulaiman(A.S) costruì un bellissimo tempio per attirare il popolo ad adorare Allah(S.W.T). Oggi questo edificio è conosciuto come "La Cupola della Roccia". Da lì, un nutrito gruppo di seguaci si unì a Sulaiman(A.S) nel pellegrinaggio alla Santa Moschea di Makkah. Dopo aver completato il loro Hajj, si sono recati nello Yemen e sono arrivati nella città di San'a. Il loro abile metodo di incanalare l'acqua in tutte le loro città ha impressionato Sulaiman(A.S). Era desideroso di costruire sistemi idrici simili nel suo paese, ma non aveva abbastanza sorgenti.

Si mise alla ricerca dell'upupa, che poteva rilevare l'acqua sotto terra. Un giorno, Sulaiman(A.S) aveva radunato il suo esercito composto da uomini, animali, uccelli, jinns e naturalmente vento. Gli occhi acuti di Sulaiman(A.S) notarono l'assenza di un uccello upupa (hud-hud) nell'enorme raduno. Decise di punire severamente o di imporre la pena di morte all'uccello come azione non disciplinare, ma diede all'uccello la possibilità di spiegare il motivo della sua assenza. Mandò segnali in tutto il regno per invocarlo, ma non si trovava da nessuna parte.

L'upupa alla fine è arrivata a Sulaiman(A.S), e ha spiegato il motivo del suo ritardo.

"Ho scoperto qualcosa di cui non siete a conoscenza. Sono venuto da Saba (Sab'a) con notizie importanti". Sulaiman(A.S) si incuriosì e la sua rabbia si placò.

L'uccello ha continuato: "Al di là della conoscenza di Sulaiman(A.S), c'è un regno chiamato Saba, che era governato da una regina di nome 'Bilqis', che possedeva molte cose, tra cui uno splendido Trono. Ma nonostante tutte queste ricchezze, Satana è entrato nel suo cuore e nel cuore del suo popolo. Governa completamente le loro menti. Mi ha sconvolto sapere che essi adorano il sole al posto di Allah, l'Onnipotente".

Per verificare le informazioni dell'upupa, Sulaiman(A.S) ha inviato una lettera alla regina con l'uccello e ha atteso la risposta. Ordinò all'uccello di rimanere nascosto e di osservare tutto.

LA REGINA DI SABA

L'upupa ha fatto cadere la lettera davanti alla regina ed è volata via per nascondersi. La aprì e la lesse:

"In verità! È di Sulaiman, e in verità! Si legge: Nel nome di Allah, il Compassionevole e misericordioso, non siate esaltati contro di me, ma venite a me come musulmani (veri credenti che si sottomettono con piena sottomissione)". (Chp. 27,30-31 Corano)

La Regina di Saba (Bilqis) è stata davvero intelligente. Dopo aver ricevuto la lettera, discusse la questione con i suoi capi e chiese loro consigli. I capi hanno suggerito che sono abbastanza potenti da reagire. Hanno reagito come a una sfida, perché sentivano che qualcuno li stava sfidando, accennando alla guerra e alla sconfitta, e chiedendo loro di sottomettersi alle sue condizioni. Le dissero che potevano solo offrire consigli, ma che era suo diritto comandare l'azione. Lei intuì che volevano affrontare la minaccia di invasione di Sulaiman con una battaglia. Ma lei disse loro:

"La pace e l'amicizia sono migliori e più sagge; la guerra porta solo umiliazioni, schiavizza le persone e distrugge le cose buone. Ho deciso di inviare doni a Sulaiman, selezionati dal nostro tesoro più prezioso. I cortigiani che consegneranno i doni avranno anche l'opportunità di conoscere Sulaiman e la sua potenza militare".

Questo è stato un segno del suo grande approccio diplomatico nel gestire le situazioni con intelligenza e non con arroganza di forza e potere.

La squadra di ricognizione di Sulaiman(A.S) gli ha portato la notizia dell'arrivo dei messaggeri di Bilqis con un regalo. Si rese subito conto che la Regina aveva mandato i suoi uomini in missione di ricognizione. Così, diede l'ordine di radunare l'esercito. Gli inviati di Bilqis, entrando in mezzo all'esercito ben equipaggiato, si resero conto che la loro ricchezza non era nulla in confronto a quella del Regno del Profeta Sulaiman(A.S). I pavimenti del suo palazzo erano in legno di sandalo e intarsiati d'oro.

Notarono che Sulaiman(A.S) stava rilevando il suo esercito, e rimasero sorpresi dal numero e dalla varietà di soldati, che comprendeva anche leoni, tigri e uccelli. I messaggeri rimasero stupefatti, rendendosi conto di trovarsi di fronte a un esercito irresistibile.

Gli inviati si meravigliano dello splendore che li circonda. Presentarono con entusiasmo i preziosi doni della loro Regina e dissero a Sulaiman(A.S) che la Regina desiderava che li accettasse come un atto di amicizia.

Gliel'ha detto:

"Allah(S.W.T) mi ha dato abbondanza di ricchezze, un grande regno e la Profezia. Sono, quindi, al di là della corruzione. Il mio unico scopo è quello di diffondere la fede in Tawheed, l'Unità di Allah".

Sulaiman(A.S) non ha nemmeno chiesto di aprire i coperchi dei contenitori che contenevano regali preziosi! La sua reazione li scioccò.

Egli ordinò loro di riprendere i doni alla Regina e le disse che se non avesse smesso di adorare il Sole, avrebbe sradicato il suo regno e cacciato il suo popolo dalla terra.

Gli inviati della Regina sono tornati con i doni e hanno consegnato il messaggio. Le hanno anche raccontato le cose meravigliose che avevano visto. Invece di offendersi, decise di andare a trovare il Profeta Sulaiman(A.S). Accompagnata dai suoi funzionari e servitori reali, lasciò Saba, inviando un messaggero per informare Sulaiman(A.S) che stava andando ad incontrarlo.

Sulaiman(A.S) chiese ai jinn alle sue dipendenze se qualcuno di loro poteva portare il suo trono nel suo palazzo prima del suo arrivo.

Uno di loro ha detto: "Te lo porterò prima che questa seduta sia finita".

Sulaiman(A.S) non ha reagito a questa offerta; sembrava che stesse aspettando un mezzo più rapido. I jinn facevano a gara tra loro per compiacerlo.

Uno di loro si chiamava 'Ifrit', ha detto: "Te la vado a prendere in un batter d'occhio!"

Non appena questo - che aveva la conoscenza del Libro - finì la sua frase, il trono si trovò davanti a Sulaiman(A.S). La missione era stata infatti completata in un batter d'occhio. La sede del Profeta Sulaiman(A.S) era in Palestina, e il trono di Bilqis era stato nello Yemen, a duemila miglia di distanza. Questo fu un grande miracolo compiuto da uno di quei credenti seduti con Sulaiman(A.S). Dopo di che, Sulaiman(A.S) diede istruzioni ai Jinns di fare leggere modifiche al trono per verificare se Bilqis sarebbe stato in grado di identificarlo.

Quando Bilqis è arrivata al palazzo di Sulaiman(A.S), è stata accolta con fasto e cerimonia. Poi, indicando il trono alterato, Sulaiman(A.S) le chiese se il suo trono assomigliava a quello. Lei lo guardò più e più volte. Nella sua mente era convinta che il suo trono non poteva essere quello che stava guardando, poiché il suo era nel suo palazzo. Rilevò una sorprendente somiglianza e rispose: "È come se fosse quello vero e assomiglia al mio sotto ogni aspetto". Sulaiman(A.S) la giudicava intelligente e diplomatica.

L'ha poi invitata nella maestosa sala, il cui pavimento è stato posato in vetro e luccicante. Alcune narrazioni raccontano che i passaggi di vetro avevano sotto di sé dei corsi d'acqua che contenevano pesci e altre creature sottomarine (proprio come un acquario). Pensava che fosse acqua, quindi alzò il vestito leggermente sopra i tacchi per non bagnarli. Sulaiman(A.S) le assicurò che il pavimento era di vetro. Alcune narrazioni dicono che l'ha raccontato affinché Bilqis non scoprisse le sue gambe davanti a Sulaiman(A.S), proteggendo così la sua modestia.

L'ha stupita. Non aveva mai visto cose del genere prima d'ora. Bilqis si rese conto di essere in compagnia di una persona molto esperta che non era solo un sovrano di un grande regno, ma anche un messaggero di Allah(S.W.T). Si pentì, abbandonò l'adorazione solare, accettò la fede di Allah e chiese alla sua gente di fare lo stesso. Bilqis vide il credo del suo popolo crollare prima di Sulaiman(A.S). Si rese conto che il sole che la sua gente adorava non era altro che una delle creazioni di Allah.

LA MORTE DEL PROFETA SULAIMAN(A.S)

Il lavoro pubblico di Sulaiman(A.S) è stato in gran parte svolto dai jinns. Egli comandava ai jinn di costruire strutture visibili al pubblico come archi, immagini, bacini e enormi pentole da cucina. Inoltre, questa era una punizione per i loro peccati di far credere alla gente che erano onnipotenti, che conoscevano l'invisibile e che potevano prevedere il futuro. Come Profeta, era dovere di Sulaiman(A.S) rimuovere tali false credenze dai suoi seguaci, in modo che non adorassero nessuna delle creazioni di Allah.

Il Profeta Sulaiman(A.S) visse in mezzo alla gloria, e tutte le creature furono sottomesse a lui. Poi Allah, l'Eccelso, ordinò che morisse. La sua vita e la sua morte erano piene di meraviglie e miracoli; così, la sua morte si armonizzava con la sua vita e la sua gloria. La sua morte, come la sua vita, era unica.

Una volta, era seduto con il suo bastone, a sorvegliare i jinn al lavoro in una miniera. La sua anima è stata portata via mentre era seduto in questa posizione. Per molto tempo, nessuno si è accorto della sua morte, perché è stato visto seduto in posizione eretta. I jinn hanno continuato a fare il loro lavoro per molto tempo, pensando che Sulaiman(A.S) vegliasse su di loro, seduto eretto sul suo bastone. Questo indica che il futuro e non visto non è conosciuto da nessun jinn o umano, ma solo da Allah e da chiunque Allah voglia donare la conoscenza.

Molti giorni dopo, una formica affamata iniziò a mordere il personale di Sulaiman(A.S). Continuò a farlo, mangiando la parte inferiore del bastone, finché non cadde dalle mani di Profeta, e mentre Sulaiman(A.S) si appoggiava al bastone, il suo grande corpo scese a terra. La gente si precipitò da lui, rendendosi conto che era morto da tempo e che i jinn non percepivano l'invisibile, perché se i jinn avessero conosciuto l'invisibile, non avrebbero continuato a lavorare, pensando che Sulaiman[A.S] fosse vivo.

Profeta Isa

(La Pace Sia Con Lui)

Il Guaritore & Resuscitatore

L'importanza del Profeta Isa(A.S) è evidente dallo status che gli è stato assegnato. È stato l'ultimo messaggero e profeta prima del Profeta Muhammad(P.B.U.H.). È stato anche l'ultimo messaggero di Bani-Israele. Allah aveva concesso un favore speciale alla famiglia del profeta Isa(A.S) menzionando il suo nome 25 volte. Anche il nome di sua madre è menzionato 31 volte.

LA PIA MARYAM(A.S) E LA NASCITA DEL PROFETA ISA(A.S)

Maryam(A.S) era la figlia del Profeta Imran(A.S). Il Profeta Zakaria(A.S) si prese cura di questa bambina e costruì una stanza separata per lei nel tempio. Crescendo, Maryam(A.S) ha trascorso il suo tempo in devozione ad Allah(S.W.T). Il Profeta Zakaria(A.S) le faceva visita ogni giorno per vedere i suoi bisogni, e così è stato per molti anni. Le ha insegnato e l'ha guidata. Maryam(A.S) è diventata una devota di Allah, glorificandolo giorno e notte.

Un giorno Maryam(A.S) stava pregando nella sua stanza come al solito. Fu allora che un Angelo apparve davanti a lei sotto forma di uomo.

Maryam(A.S) era terrorizzata, pensando che quest'uomo fosse qui per farle del male.

Gridò: "Cerco rifugio presso Allah da voi se temete Allah". "

Allora l'angelo disse: "Sono solo un messaggero del vostro signore per voi. Sono stato mandato per darti un figlio pio, puro dai peccati. "

Ormai si era calmata. Chiese all'angelo: "Come posso avere un figlio quando nessun uomo mi ha toccato?

"Questo è molto facile per Allah. Allah lo renderà un segno per il popolo e un'indicazione del potere di Allah". "La visita dell'Angelo l'ha resa molto tesa, il che aumenta con il passare dei giorni.

Dopo qualche mese, non poteva più sopportare la tensione mentale. Obbligata da un grembo materno pesante, ha lasciato la città senza sapere dove andare. Maryam(A.S) non era andata lontano quando fu improvvisamente sopraffatta dai dolori del parto. Si è seduta contro la palma secca ed è qui che ha partorito un figlio.

Quando Maryam(A.S) guardò il suo bambino appena nato, rimase ferita.

"Come ha potuto metterlo al mondo senza un padre! "esclamò. "Avrei voluto morire prima che questo accadesse e sparire".

Improvvisamente, sentì la voce di un Angelo, "Non ti affliggere", la voce disse: "Allah(S.W.T) ha posto un piccolo fiume sotto di te". E scuoti il tronco di questo albero dal quale cadranno datteri maturi. Mangiate, e bevete, e riacquistate la forza che avete perso. Quello che vedete è il potere di Allah(S.W.T). "

Maryam(A.S) beveva l'acqua del fiume e mangiava i datteri maturi. Per un po' il miracolo di Allah l'ha confortata. Dopo qualche tempo, si alzò e decise di tornare in città. Ma anche le sue paure ritornarono.

"Cosa avrebbe detto alla gente? "pensava.

Fu allora che accadde un altro miracolo. Il suo bambino nato solo poche ore fa ha iniziato a parlare.

Il bambino disse: "Se incontri qualcuno, di' loro che oggi hai fatto voto di digiunare per Allah e che non parlerai con nessuno". Con questo miracolo, Maryam(A.S) si sentì a suo agio e camminò verso la città.

UN MIRACOLO DI UN BAMBINO

Come si aspettava, il suo arrivo in città con un neonato in braccio, ha suscitato la curiosità della gente.

"Questo è un peccato terribile che hai commesso! "L'hanno rimproverata, ma lei ha mantenuto la calma. Si mise le dita sulle labbra gesticolando che non poteva parlare e indicò il suo bambino.

La gente era arrabbiata. "Come si può parlare a un neonato! "

Ma ha sorpreso la gente quando il bambino ha cominciato a parlare. Il bambino parlava lentamente e chiaramente.

"Io sono il servo di Allah. Allah⁽ˢ·ᵂ·ᵀ⁾ mi ha dato il libro e mi ha fatto profeta. Allah mi ha reso devoto verso di lei, che mi ha messo al mondo. Pace a me il giorno in cui sono nato, il giorno in cui morirò, e il giorno in cui sarò risuscitato vivo". La gente se ne stava lì in piedi a guardare il bambino che parlava.

Si sono resi conto che il bambino era unico e che era la volontà di Allah. Naturalmente, alcuni considerarono il discorso del bambino come uno strano trucco.

Ma almeno Maryam⁽ᴬ·ˢ⁾ ora potrebbe rimanere in città senza essere molestata.

Si dice che Yusuf, il falegname, sia rimasto molto sorpreso quando ha saputo di questo incidente.

"Può un albero crescere senza un seme?" le chiese.

"Sì", rispose. "Quello che Allah⁽ˢ·ᵂ·ᵀ⁾ ha creato per la prima volta, è cresciuto senza un seme"."

Poi le ha chiesto di nuovo: "È possibile avere un figlio senza un partner maschile?"

"Sì", rispose Maryam⁽ᴬ·ˢ⁾. "Allah⁽ˢ·ᵂ·ᵀ⁾ ha creato Adamo⁽ᴬ·ˢ⁾ senza un maschio o una femmina."

LA GIOVINEZZA DEL PROFETA ISA(A.S)

Mentre il profeta Isa(A.S) cresceva, anche le sue capacità profetiche iniziavano ad aumentare. Poteva dire ai suoi amici cosa mangiavano per cena, cosa avevano nascosto e dove.

All'età di 12 anni accompagna la madre a Gerusalemme. Quando arrivarono al tempio, entrò nel tempio lasciando la madre. Il giovane profeta vagava in una stanza dove la gente ascoltava le lezioni dei sacerdoti. Anche se l'udienza era piena di adulti, il profeta non aveva paura di sedersi con loro.

Dopo averli ascoltati per un po' di tempo, si è alzato e ha iniziato a fare domande. Le domande che faceva, disturbavano i sacerdoti colti perché non potevano rispondere.

I sacerdoti hanno cercato di metterlo a tacere, ma il profeta li ha ignorati. Continuava a fare domande ed esprimeva la sua opinione. Il profeta Isa(A.S) si è fatto talmente coinvolgere in questo scambio che si è completamente dimenticato di sua madre.

Nel frattempo, Maryam(A.S) è tornata a casa pensando che suo figlio sarebbe potuto tornare con i loro parenti o amici. Ma appena arrivata a casa, si è resa conto che suo figlio non c'era. Così è corsa in città a cercarlo. Ha cercato per molte ore e alla fine ha trovato suo figlio seduto tra i dotti e ha discusso con loro. Maryam(A.S) si arrabbiò molto con lui perché era molto preoccupata. Ma il giovane profeta la tranquillizzò dicendo che aveva perso la cognizione del tempo mentre discuteva con i sacerdoti.

Il profeta Isa(A.S) ha studiato seriamente la Torah. Era un devoto adoratore di Allah(S.W.T) e seguiva rigorosamente le regole della Torah. Una volta, il giorno del Sabbath, il profeta Isa(A.S) stava andando al tempio come il profeta Musa(A.S) aveva ordinato di dedicare il sabato all'adorazione di Allah. Tuttavia, la saggezza dietro il Sabbath era ormai lontana. I sacerdoti hanno ora reso illegali un centinaio di cose, a loro piacimento. Immaginate questo, era considerato contro la legge, se un medico veniva chiamato per salvare un paziente morente. Era un peccato mangiare, bere o anche intrecciare i peli.

Ma al profeta non importava delle loro leggi. Raccoglieva la frutta per sfamare un bambino affamato. Quando il sacerdote lo vide, si accigliò con rabbia. Accese un fuoco affinché la vecchia si tenesse al caldo dal gelo e questo fu considerato una violazione della legge del sabato. Quando il profeta arrivò finalmente al tempio, fu sorpreso di trovare oltre 20.000 sacerdoti all'interno del tempio. Tutti loro si guadagnavano da vivere solo con il tempio.

Il profeta Isa(A.S) era sorpreso che ci fosse più sacerdote che visitatori. Eppure il tempio era pieno di pecore e colombe che venivano vendute al popolo per essere offerte come sacrifici. Ogni passo all'interno del tempio costava al visitatore. Il profeta era triste nel vedere che i sacerdoti non adoravano altro che il denaro. I sacerdoti si comportavano come se fosse un mercato.

Il profeta vide i poveri che non potevano permettersi il prezzo di una colomba o di una pecora, furono cacciati via come mosche. Il profeta si chiedeva tristemente perché i sacerdoti avessero bruciato un numero così grande di offerte all'interno del tempio, mentre migliaia di poveri erano affamati fuori.

L'INIZIO DELLE RIVELAZIONI E L'OPPOSIZIONE DEI SACERDOTI

Fu in questa notte che i due nobili profeti, il profeta Yahyah(A.S) e il profeta Zakaria(A.S) furono uccisi dall'Autorità di governo. Quella notte l'Apocalisse discese sul profeta Isa(A.S). Allah(S.W.T) ordinò al profeta di iniziare la sua chiamata al popolo d'Israele. La vita semplice che il profeta aveva vissuto fino ad ora era finita. La pagina dell'adorazione e della lotta è stata aperta nella vita di Isa(A.S).

Come una forza contraria, Isa(A.S) ha denunciato le pratiche attuali e ha rafforzato la legge del Profeta Musa(A.S). Il profeta chiese al suo popolo di condurre una vita semplice, con parole e azioni nobili. Il profeta cercò di far capire ai sacerdoti che i Dieci Comandamenti hanno più valore di quanto immaginassero. Per esempio, disse loro che il quinto comandamento non proibisce solo l'uccisione fisica, ma tutte le forme di uccisione: fisica, psicologica o spirituale. I suoi insegnamenti infastidivano i sacerdoti. Per ogni parola del Profeta, era una minaccia alla loro posizione. I loro misfatti venivano smascherati.

I sacerdoti cominciarono a complottare contro il profeta. Un giorno arrestarono una donna accusata di adulterio. Poi chiamarono Isa(A.S) per chiedere la sua opinione. In realtà avevano intenzione di mettere in imbarazzo il profeta di fronte al popolo. Secondo la legge del Mosaico, una persona coinvolta in un adulterio doveva essere lapidata a morte. I sacerdoti sapevano che il profeta si sarebbe opposto all'uccisione di questa donna e così il profeta avrebbe finito per parlare contro la legge del Mosaico.

Hanno portato l'adultera davanti a Isa(A.S) e gli hanno chiesto: "La legge non prevede la lapidazione dell'adultera?

"Sì", rispose il Profeta. Poi guardò i sacerdoti e la gente che stava intorno. Sapeva che erano più peccatori di questa donna che cercava di guadagnarsi il pane. Si rese conto che se avesse parlato contro di loro, allora sarebbe stato detenuto in disprezzo della legge del Mosaico. Ora capiva il loro piano. Il profeta allora sorrise e parlò ad alta voce alla gente che stava intorno: "Chi di voi è senza peccato, può lapidarla". "

I sacerdoti sono rimasti sorpresi nel sentirlo. La gente in piedi intorno esitava. Nessuno dei presenti ha osato lapidarla, perché erano tutti peccatori.

Non c'era nessuno idoneo, perché nessun mortale può giudicare il peccato. Solo Allah(S.W.T), il più misericordioso, può giudicare. Il profeta aveva fatto una nuova legge sull'adulterio quel giorno. Quando il profeta lasciò il tempio, la donna lo seguì. Il profeta si rese conto di essere seguito. Così si fermò e le chiese perché lo stava seguendo. La donna rimase in silenzio e prese un flacone di profumo dalla sua veste. Si inginocchiò davanti al profeta e gli lavò i piedi con il profumo e le sue stesse lacrime. Poi gli asciugò i piedi con i suoi capelli.

La sua azione ha toccato Isa(A.S), e lui le ha chiesto di alzarsi. Il profeta alzò lo sguardo e pregò: "O Signore, perdona i suoi peccati".

Il profeta Isa(A.S) ha continuato a pregare Allah(S.W.T) per avere pietà del suo popolo. Ha insegnato alla sua gente a mostrare misericordia l'uno verso l'altro e a credere in Allah.

Una volta disse ai suoi seguaci: "Dormo finché non ho niente e mi alzo finché non ho niente, eppure non c'è nessuno sulla terra che sia più ricco di me".

NUMEROSI MIRACOLI DEL PROFETA ISA(A.S)

Come tutti gli altri profeti, anche il profeta Isa(A.S) ha compiuto molti miracoli. Allah(S.W.T) ha mandato tutti i profeti con i miracoli come prova della loro profezia. In questo modo il popolo ha potuto testimoniare, conoscerli e credere nel loro profetismo. Molti dei miracoli che il profeta Isa(A.S) ha compiuto erano la guarigione di una malattia. La gente durante questo periodo era molto esperta nel campo della medicina. E quando il profeta curò gli ammalati che erano stati dichiarati incurabili, inviò un messaggio forte.

Il profeta Isa(A.S) una volta camminava accanto a un uomo cieco, lebbroso e paralizzato. Il Profeta lo sentì dire: "Sia lodato Allah che mi ha protetto dalle prove, che egli affligge la maggior parte degli uomini."

Il Profeta smise di camminare e gli chiese: "Dimmi, quale prova ti resta da subire? Sei cieco, lebbroso e paralizzato."

Ma il mendicante rispose: "Mi ha protetto da una prova che è la più grande di tutte le prove e che è l'incredulità".

Il profeta era contento di questo povero vecchio. Si fece avanti e mise la mano sulle spalle del povero vecchio. Fu un miracolo. Non appena il Profeta toccò l'uomo, le sue malattie guarirono ed egli fu in grado di alzarsi. Allah(S.W.T) lo trasformò persino, che il suo volto ora brillava di bellezza. Il vecchio chiese al Profeta il permesso di accompagnarlo e lui accettò. Il vecchio divenne un compagno del Profeta Isa(A.S) e iniziò ad adorare con lui.

Una volta ha messo la mano sul volto di un uomo nato cieco. Era guarito e poteva vedere per la prima volta in vita sua.

Un giorno, quando il Profeta stava camminando verso la città. Vide una processione. Il Profeta si avvicinò e chiese loro cosa stesse succedendo.

"Quest'uomo è morto e lo stiamo portando sul luogo di sepoltura" risponde uno di loro.

Il Profeta chiese loro di fermarsi e pregò Allah. È stato un miracolo. Il morto si alzò, ed era vivo. Allah ha riportato in vita questa persona.

Il profeta Isa(A.S) aveva seguito la Torah fino a quando non aveva ricevuto l'Apocalisse da Dio. Dio gli diede un nuovo libro, "L'Ingiuria (Bibbia)". Il Profeta ha poi letto questo libro che gli è stato donato. Quando il Profeta annunciò di aver ricevuto un nuovo libro da Dio, il popolo che ancora segue la Torah, non gli piacque.

LA DIFFUSIONE DEL CIBO DAL CIELO

Un giorno, il profeta Isa(A.S) chiese ai suoi sostenitori di digiunare per 30 giorni. I suoi seguaci acconsentirono e iniziarono a digiunare. Al termine dei trenta giorni di digiuno, i seguaci andarono con il profeta Isa(A.S) nel deserto. Era normale che migliaia di persone seguissero il Profeta ovunque egli andasse. Molti dei seguaci con il Profeta erano persone malate, che sperano di essere curate da lui. Anche un gruppo di persone che erano contro gli insegnamenti del Profeta, lo seguivano ovunque andasse. Lo seguivano in modo da potersi beffare del Profeta e sminuirlo ad ogni occasione che si presentava loro.

Dopo il periodo di trenta giorni di digiuno, i miscredenti chiesero al profeta se potevano avere una diffusione di cibo dal cielo. Chiesero questo per confutare che Dio aveva accettato il loro digiuno. C'erano migliaia di persone presenti e i miscredenti sapevano che il Profeta non avrebbe mai potuto consegnare ciò che avevano chiesto. Volevano mangiare qualcosa di speciale il giorno in cui hanno rotto il digiuno. Volevano anche che la diffusione fosse sufficiente per tutti loro.

Il profeta Isa(A.S) accettò la loro richiesta e si recò in un luogo silenzioso, pregando Allah(S.W.T). Allah accettò le preghiere del Profeta e avvenne un miracolo. Un'enorme quantità di cibo è scesa dal cielo. C'era una nuvola sotto la diffusione e una nuvola sopra di essa, ed era circondata dagli angeli. Lentamente scese a terra, e mentre scendeva, il Profeta rimase immerso nelle sue preghiere.

La diffusione del cibo è arrivata vicino al Profeta. C'era un panno bianco che copriva la diffusione. Il Profeta se lo tolse dicendo: "Nel nome di Allah, il miglior Sostenitore!

Quando il telo che ricopriva la diffusione è stato tolto, la gente si è radunata intorno e ha guardato con stupore. C'erano sette grossi pesci, sette pagnotte di pane, aceto, sale, miele e molti altri frutti. La salsa aveva un profumo meraviglioso, perché la gente non aveva mai sentito un odore così meraviglioso prima d'ora. Il profeta chiese allora ai miscredenti di mangiare dal banchetto.

"Non mangeremo da esso fino a quando non vi vedremo mangiare dalla spalmabile", risposero.

"Siete voi che l'avete chiesto", disse il Profeta. "Allora dovreste prima mangiare il cibo". "

Ma i miscredenti hanno comunque rifiutato. Il Profeta chiese allora ai poveri, agli ammalati, agli handicappati e ai ciechi di mangiare dalla diffusione. Erano più di mille e tutti mangiarono dal banchetto. Tutti gli ammalati che mangiavano dal banchetto si curarono. Lo stesso è stato per gli handicappati, i ciechi e tutti gli altri. È stato un miracolo. I miscredenti erano ormai tristi perché si erano rifiutati di mangiare dal banchetto quando erano stati invitati per primi.

La notizia della festa ha viaggiato veloce e ha raggiunto la città. Migliaia di persone hanno viaggiato per assistere a questa festa divina. Il numero di persone che volevano partecipare alla festa era diventato enorme. Il Profeta chiese loro di fare a turno per partecipare a questa festa. I giorni passavano, poiché ogni persona, dalla prima all'ultima, mangiava fino a saziarsi. Si dice che quasi 7.000 persone mangiassero ogni giorno dalla festa.

Dopo quaranta giorni, Allah chiese al Profeta di permettere solo ai poveri di mangiare dalla festa, e non ai ricchi. Il Profeta avvertì il popolo di essere onesto e chiese ai ricchi di stare lontani dalla festa. Chiese anche ai poveri di non portare via il cibo per risparmiare per il giorno successivo.

Tuttavia, la gente non ha ascoltato. I ricchi mangiavano dalla massa fingendosi poveri e molti poveri portavano il cibo con sé disobbedendo agli ordini del Profeta. Di conseguenza, la diffusione del cibo è stata sollevata verso il cielo da dove proveniva. La gente ha parlato di questo miracolo per molti anni e li ha convinti dei miracoli di Allah.

L'ASCESA DEL PROFETA ISA(A.S) AL CIELO

Quando il profeta Isa(A.S) aveva trent'anni, i sacerdoti si sono infuriati con lui e hanno fatto piani per uccidere il Profeta. Una notte, il profeta era seduto a casa sua con i suoi dodici compagni.

Ha detto: "Uno di voi due mi tradirà".

Era vero, e non era altro che Giuda. Giuda era andato a incontrare i capi dei sacerdoti quel giorno.

"Cosa mi darete se vi consegno Isa? "Chiese Giuda al sacerdote.

"Vi daremo trenta pezzi di sicli. "Rispose il capo sacerdote.

Giuda si vergognava di se stesso. Lasciò la stanza. Il Profeta Isa(A.S) chiese allora a uno qualsiasi dei suoi compagni che fosse pronto a prendere il suo posto, mentre i soldati venivano ad arrestarlo.

"Chi di voi sarà pronto a prendere il mio posto? "chiese il Profeta. "Tu sarai il mio compagno in paradiso".

Un uomo giovane si è alzato in piedi ed è stato subito d'accordo. Quando i soldati arrivarono per arrestare il Profeta, presero invece il giovane e lo crocifissero.

Prima di crocifiggere il giovane, il Profeta Isa(A.S) fu sollevato da una finestra nell'angolo della casa. Ora è vivo nel secondo cielo. Scenderà prima del Giorno del Giudizio.

Noi (come musulmani) crediamo che il Profeta Isa(A.S) tornerà sulla terra come essere umano. Egli ritornerà proprio come è stato preso dalla terra e andrà a cercare l'anti-Cristo (Dajjal) per ucciderlo. Regnerà poi con giustizia ed equità secondo gli insegnamenti dell'Islam.

Profeta Muhammad

(La Pace Sia Con Lui)

L'ultimo Messaggero & Rivoluzionario Per L'umanità

Il Profeta Muhammad(P.B.U.H) è nato a Makkah, Arabia, il 12, Rabi-ul-Awwal. Sua madre, Amina(R.A), era la figlia di Wahab Ibn Abu Manaf della famiglia Zahrah. Suo padre Abdullah(R.A) era il figlio di Abdul Muttalib(R.A). I suoi antenati sono riconducibili alla nobile casa del Profeta Ismail(A.S), figlio del Profeta Ibrahim(A.S).

Il padre del Profeta morì prima della sua nascita. Sua madre si prese cura di lui fino all'età di sei anni. Quando egli compì sei anni, anche sua madre morì. Suo nonno Abdul Mutallib(R.A) si prese cura del bambino orfano. Ma il vecchio capo morì nei due anni successivi e prima di morire mise il piccolo a capo dello zio Abu Talib.

Il Profeta Muhammad(P.B.U.H) è cresciuto come un ragazzo obbediente. All'età di dodici anni ha accompagnato lo zio Abu Talib nel suo viaggio a Bassora. Hanno viaggiato per molti mesi nel deserto. Quando presentò il Profeta Muhammad(P.B.U.H) a un monaco, ne rimase molto colpito. Poi disse ad Abu Talib: "Ritorna con questo ragazzo e proteggilo dall'odio degli ebrei". Una grande carriera attende suo nipote".

Abu Talib non ha capito bene cosa intendesse il monaco. Suo nipote era solo un bambino normale. Ringraziò e tornò a Makkah. Dopo questo viaggio, per molto tempo non accadde nulla di speciale nella vita di questo giovane Profeta, ma tutte le autorità concordano sul fatto che egli aveva grande saggezza, buone maniere e morale, cosa rara tra la gente di Makkah. Tutti lo apprezzavano per il suo buon carattere e la sua saggezza, tanto da ricevere il titolo di "Ameen", che significa fedele, e "Sadiq", che significa fedele.

Come ogni altro bambino, doveva fare le faccende di famiglia. Suo zio aveva perso la maggior parte delle sue ricchezze e il Profeta lo aiutò occupandosi del suo gregge. Il Profeta Muhammad(P.B.U.H) conduceva per lo più una vita solitaria. Era triste quando vide gli improvvisi scoppi di sanguinosi litigi tra la gente di Makkah. Alla gente non interessava la legge. Il suo cuore si rattristava quando vedeva la miseria di altre persone, e tali scene erano un evento quotidiano a Makkah in quel periodo.

PROPOSTA DI MATRIMONIO DI KHADIJA(R.A)

Quando il Profeta aveva venticinque anni, viaggiò ancora una volta in Siria, e fu qui che incontrò l'amore della sua vita, Khadija(R.A).

Khadija(R.A) era una delle più belle e nobili donne in circolazione. Veniva da una famiglia molto ricca, ma era vedova. Nonostante fosse vedova, molti uomini facoltosi e di spicco della società le chiesero la sua mano nel matrimonio, ma lei li rifiutò tutti perché aveva perso il desiderio di risposarsi. Solo fino a quando il Profeta Muhammad(P.B.U.H) non entrò nella sua vita. A quel tempo, Khadija(R.A) cercava qualcuno onesto che potesse fare affari per lei. Fu allora che venne presentata al Profeta. Venne a sapere che, pur essendo orfano e povero, proveniva da una famiglia nobile. Quest'uomo aveva un carattere morale impeccabile ed era ampiamente conosciuto come l'uomo più onesto che ci fosse in giro.

Il Profeta Muhammad(P.B.U.H) iniziò presto a lavorare per lei e partì per il suo primo viaggio di lavoro insieme al suo servo. Dopo il loro ritorno, lei chiese alla serva della condotta del Profeta. Il servo la stupì con la sua relazione.

"Questo giovane è il più gentile che abbia mai visto. "Mi ha detto: "Non mi ha mai trattato con durezza come molti altri e quando viaggiavamo nel deserto sotto il sole cocente, c'era sempre una nuvola che ci seguiva e che ci forniva l'ombra. Non solo, ma questo nuovo impiegato si è anche dimostrato un uomo d'affari di talento. Per prima cosa, ha venduto la merce che lei gli ha dato. Poi, con il profitto, ha comprato altre merci e le ha rivendute. In questo modo, ottenendo un doppio profitto. Khadija si innamorò profondamente del Profeta anche se aveva 15 anni di meno. Decise di sposarlo.

Il giorno dopo, ha mandato sua sorella da questo giovane.

"Perché non sei ancora sposato?", gli chiese.

"Per mancanza di mezzi. "Rispose.

"E se ti offrissi una moglie di nobiltà e bellezza? Saresti interessato?", chiese.

"Chi è?", rispose.

Quando lei ha menzionato la sorella, il giovane ha ridacchiato di stupore.

"Come potrei sposarla? Ha rifiutato gli uomini più nobili della città. Erano molto più ricchi e prominenti di questo povero pastore. "

Ma la sorella rispose: "Non preoccuparti, ci penso io".

Non molto tempo dopo, il Profeta Muhammad(P.B.U.H) sposò Khadija(R.A), fu l'inizio di uno dei matrimoni più amorevoli, felici e sacri di tutta la storia umana. Questo matrimonio gli diede il cuore amorevole di una donna che lo consolò e mantenne viva in lui una tremolante fiamma di speranza quando nessun uomo credeva in lui. Il Profeta ha vissuto una vita ricca per molti anni. Dopo di che, quando il Profeta raggiunse l'età di 35 anni, risolse con il suo giudizio una grave disputa che minacciava di far sprofondare l'Arabia in una nuova serie di guerre. Era il momento di ricostruire la Ka'aba. Ogni tribù che si era radunata lì, voleva l'onore di innalzare la Pietra Nera, la santissima Reliquia. I capi e gli uomini di ogni tribù combatterono tra loro per rivendicare l'onore. Poi un anziano cittadino intervenne e disse al popolo,

"Ascolterete il primo uomo che entrerà da quel cancello. "La gente era d'accordo e aspettava pazientemente guardando il cancello. Il primo uomo ad entrare non fu altro che il Profeta Muhammad(P.B.U.H).

Le diverse tribù chiesero il suo consiglio e, dopo aver finito, il Profeta ordinò: "Mettete la pietra su un panno". Ogni tribù avrà l'onore di sollevare la pietra tenendo in mano una parte del telo". Il popolo accettò volentieri quest'idea. La pietra fu così collocata, e completarono la ricostruzione della casa senza ulteriori interruzioni.

Fu durante questo periodo che un uomo di nome Osman Ibn Huwairith arrivò a Makkah. Egli cercò di tentare il popolo di Makkah usando l'oro bizantino, e cercò di trasformare il territorio dipendendo dal governo romano. Ma i suoi tentativi fallirono perché il Profeta intervenne e mise in guardia il popolo di Makkah.

Il Profeta aiuta sempre anche i poveri e i bisognosi. Si dice che quando suo zio Abu Talib cadde in un brutto momento, il Profeta cancellò tutti i suoi debiti usando le sue ricchezze personali. Il Profeta ha anche intrapreso l'educazione del figlio di suo zio, Ali(R.A), e lo ha cresciuto. Un anno dopo, adottò "Akil", un altro figlio di suo zio.

Il Profeta Muhammad(P.B.U.H) dalle sue umili origini, era ormai diventato ricco e abbastanza rispettato. Khadija(R.A) diede alla luce tre figli e quattro figlie. Ma nessuno dei figli maschi sopravvisse. Morirono tutti durante l'infanzia.

Il Profeta amava molto Ali, e trovava in lui consolazione. Fu durante questo periodo che un gruppo di saccheggiatori arabi catturò Zaid, un ragazzino dalle braccia della madre. Questi saccheggiatori vendettero poi il ragazzo come schiavo nel mercato di Ukaz". Un parente di Khadija comprò Zaid, e lui glielo regalò. Khadijah, a sua volta, diede il ragazzo in dono al Profeta. Il Profeta si affezionò molto a Zaid, al quale si riferì come "Al-Habib", che significa "l'Amato".

Zaïd considerava il Profeta come il suo mentore e ne seguiva le vie. Il ragazzo aveva una mente spirituale e una buona morale del Profeta. Nel frattempo, i genitori di Zaid erano ancora addolorati per la perdita del figlio. Pregavano ogni giorno che il loro amato figlio fosse restituito a loro.

Un giorno i genitori di Zaid visitarono Makkah per compiere il pellegrinaggio. Qui avvistarono Zaid e con grande sollievo si precipitarono verso di lui. Quando suo padre venne a conoscenza di questa meravigliosa notizia, caricò le sue borse con l'oro e si avvicinò al Profeta Muhammad(P.B.U.H). Il padre pensava di poter ricomprare il figlio dal suo padrone. Il padre di Zaid si incontrò e gli chiese di liberare suo figlio.

Il Profeta gli chiese: "Chi è questa persona di cui chiedete la liberazione? "

"Il tuo schiavo, Zaid Ibn Haritha, risponde al padre.

"Vi mostro un modo per riavere vostro figlio senza pagare l'oro. "

Ha sorpreso il Padre. Chiese: "Di che cosa stai parlando? "

"Lo chiamerò qui davanti a voi. Se desidera venire con voi, è libero di farlo. Potete prenderlo volentieri e io non accetterò alcun pagamento da voi, ma...". Il Profeta continua: "Se preferisce restare con me, non lo costringerò a venire con voi". "

Il padre di Zaid era d'accordo e hanno chiamato il ragazzo. Il Profeta gli spiegò allora le scelte che aveva fatto e gli chiese di decidere.

"Resterò con te. "Il ragazzo ha detto subito.

Suo padre rimase scioccato nel sentirlo.

Poi gli chiese: "Non vuoi stare con i tuoi genitori? o preferisci rimanere come schiavo? "

"Padre..." disse il ragazzo, "Sono profondamente commosso dalle qualità di quest'uomo. E, tra l'altro, mi tratta con amore e affetto. Non posso mai lasciarlo e vivere altrove. "Il cuore del Profeta si è gonfiato quando ha sentito questo. Condusse Zaid al centro della città e disse a gran voce: "Questo è mio figlio". E noi ci ereditiamo l'un l'altro. "

Di conseguenza, Zaid Ibn Haritha fu ribattezzato Zaid bin Muhammed, come era consuetudine in quei giorni. Questa cordiale relazione durò fino al suo ultimo respiro.

LA RIVELAZIONE DA ALLAH(S.W.T)

Il Profeta Muhammad(P.B.U.H) si stava avvicinando ai 40 anni. Era molto triste per le condizioni del suo popolo. Il suo Paese era dilaniato dalle guerre e il popolo era in una situazione di barbarie. Era dipendente dalle superstizioni e dall'idolatria. Il popolo era sempre in lotta tra di loro. Il Profeta aveva l'abitudine di chiudersi in una grotta sul monte Hira, a pochi chilometri da Makkah. Pregava e meditava all'interno di questa grotta, il più delle volte da solo. Qui spesso trascorreva le notti in profonda riflessione e in profonda comunione con l'Onnipotente Allah dell'universo.

Fu durante una di queste notti, quando nessuno gli era vicino, che un angelo apparve davanti a lui. La vista dell'Angelo stupì il Profeta. Non poteva credere ai suoi occhi. L'angelo chiese allora al Profeta di leggere. Ma come poteva leggere il Profeta quando non era mai andato a scuola?

"Non sono un lettore", disse all'angelo.

Poi all'improvviso l'angelo lo afferrò e lo strinse forte. L'angelo disse di nuovo: "Leggi".

"Non sono un lettore. "Il Profeta piangeva di nuovo. L'angelo allora strinse il Profeta così forte che pensò che sarebbe svenuto.

L'angelo disse: "Leggi! Nel nome del tuo signore e amante, che ha creato l'uomo da un coagulo di sangue rappreso. Leggi! E il tuo signore è il più generoso, che ha insegnato a scrivere con la penna, ha insegnato all'uomo che non conosceva".

Il Profeta ripeteva le parole con il cuore tremante. Perplesso dalla sua esperienza, il Profeta si fece strada verso casa. Appena entrato in casa, disse a sua moglie: "Avvolgimi! Avvolgimi!"

Lui tremava mentre lo diceva, e lei lo avvolse in un asciugamano finché la sua paura non se ne andò. Spiegò a sua moglie cosa era successo. Quando finì, le chiese se lei pensava che fosse impazzito.

"Allah non voglia!" rispose. "Sicuramente non lascerà che una cosa del genere accada, perché voi dite la verità". Siete fedeli alla fiducia. Aiutate i vostri simili".

Poi andò da suo cugino, Warqa bin Naufil, che era vecchio e cieco, ma conosceva le scritture abbastanza bene. Le aveva tradotte in arabo. Quando lei gli raccontò quello che era successo a suo marito, lui gridò,

"Santo! Santo! Questo è lo Spirito Santo che è venuto a Mosè. Egli sarà il Profeta per il suo popolo. Diteli questo e chiedetegli di essere coraggioso di cuore".

Il Profeta continuò a ricevere rivelazioni per il resto della sua vita. Fu memorizzata e scritta a memoria dai suoi compagni su pelli di pecora. Il Profeta sapeva che il popolo doveva ascoltare il messaggio di Dio. Così iniziò a predicare al popolo ciò che Dio gli disse. Per i primi anni della sua missione, il Profeta predicò alla sua famiglia e ai suoi amici più stretti. La prima donna a convertirsi fu sua moglie Khadija[R.A], e il primo garante fu il suo servo, Zaid[R.A]. Il suo vecchio amico Abu Bakr[R.A] è stato il primo maschio adulto libero a convertirsi.

Molti anni dopo, il Profeta Muhammad(P.B.U.H) disse questo di lui. "Non ho mai chiamato all'Islam nessuno che all'inizio non fosse esitante, tranne Abu Bakr(R.A)."

Per tre lunghi anni, il Profeta ha lavorato tranquillamente per consegnare il messaggio di Dio. L'adorazione degli idoli era profondamente radicata nel popolo e il Profeta cercò di convincere il più possibile. Dopo tre anni di lotta, riuscì ad assicurarsi solo 13 seguaci. Più tardi, il Profeta ricevette il comando di predicare apertamente. Anche i suoi compagni avevano iniziato a mettere in dubbio la sua sanità mentale. Ormai i suoi nemici avevano iniziato a complottare contro di lui. Predicava che tutti erano uguali davanti a Dio, e questo metteva in discussione l'autorità dei sacerdoti locali.

Un giorno si riunirono e decisero di sopprimere il movimento del Profeta. Decisero che ogni famiglia doveva assumersi il compito di eliminare i seguaci dell'Islam. Ogni famiglia iniziò a torturare i propri membri, i parenti e gli schiavi che seguivano il Profeta. La gente veniva picchiata, frustata e poi gettata nella prigione. La collina del Ramada e il luogo chiamato Bata, erano diventati scene di crudele tortura. Solo il Profeta è stato lasciato fuori perché aveva la protezione di Abu Talib(R.A) e Abu Bakr(R.A).

Poi il sacerdote cercò di tentare di convincere il Profeta a unirsi alla loro religione. Per questo, mandarono Utba Ibn Rabi'a ad incontrare il Profeta.

"O figlio di mio fratello", disse il Messaggero. "Tu ti distingui per le tue qualità. Eppure hai denunciato i nostri dei. Sono qui per farti una proposta".

"Ti ascolto, o figlio di Waleed", disse il Profeta.

"Se siete disposti ad acquisire ricchezze, onori, dignità, allora vi offriremo una fortuna più grande di quella che abbiamo tra di noi. Faremo di te il nostro capo, e ci consulteremo con te su tutto. Se desideri il dominio, allora faremo di te il nostro re", disse Utba.

Quando ebbe finito, il Profeta disse: "Ora ascoltami".

"Ti ascolto. "Rispose Utba.

Il Profeta recitò i primi 13 versi di Surah Fussilat.

Ha lodato Allah$^{(S.W.T)}$ e ha spiegato la lieta novella del paradiso a chiunque abbia creduto nell'unico vero Dio. Il Profeta gli ha poi ricordato ciò che era accaduto al popolo di 'Aad' e 'Thamud'. Quando il Profeta finì la sua recita, disse a Utba,

"Questa è la mia risposta alla tua proposta. Ora prendi il corso che trovi migliore. "

Quando pianificarono di tentare il Profeta fallì, si avvicinarono a suo zio Abu Talib. Lo zio del Profeta cercò di persuadere il Profeta a smettere di predicare al popolo. Ma il Profeta disse,

"O zio, se mi mettessero il sole nella mano destra e la luna nella mano sinistra per impedirmi di predicare l'Islam, non mi fermerei mai".

Il Profeta, sopraffatto dal pensiero che lo zio fosse disposto ad abbandonarlo, si voltò per allontanarsi da casa sua. Ma Abu Talib si rivolse al Profeta a gran voce. Gli chiese di tornare. Quando il Profeta tornò, Abu Talib gli disse: "Di' quello che vuoi". Per il Signore! Non ti abbandonerò per sempre".

I sacerdoti di diverse tribù hanno iniziato a perseguire pubblicamente i sostenitori del Profeta. Fu durante questo periodo che un re cristiano di nome 'Al-Najashi' governava l'Abissinia. Il Profeta aveva sentito parlare della rettitudine, della tolleranza e dell'ospitalità di questo gentile sovrano. Quando la persecuzione divenne insopportabile per il popolo, il Profeta consigliò loro di migrare in Abissinia. Circa 15 famiglie emigrarono in questo paese in piccoli gruppi per evitare di essere scoperte.

Questa si chiama la Prima Hijra nella storia dell'Islam. Questo avvenne durante il quinto anno della missione del Profeta. Gli emigranti ricevettero una gentile accoglienza dal re e dal suo popolo. Molti altri che hanno sofferto per mano dei malvagi sacerdoti di Makkah li hanno presto seguiti. Il numero di persone che emigrarono, raggiunse presto il centinaio.

Quando i sacerdoti lo hanno saputo, si sono infuriati. Decisero di non lasciare in pace gli emigranti. Mandarono immediatamente due inviati al Re, per averli riportati tutti indietro. Quando gli inviati incontrarono il Re, egli convocò i poveri fuggiaschi e chiese loro cosa avevano da dire.

Ja'far, figlio di Abu Talib e fratello di Ali, ha poi parlato a nome degli esiliati,

"O Re, siamo stati immersi nella profondità della barbarie. Adoravamo gli idoli, ignoravamo tutto, e non avevamo nessuna legge. Poi Allah ha risuscitato un uomo tra noi, che è puro e onesto. Ci ha insegnato ad adorare Allah$^{(S.W.T)}$ e ci ha proibito di adorare gli idoli. Ci ha insegnato a dire la verità e ad essere fedeli. Noi crediamo in lui e abbiamo accettato i suoi insegnamenti. I suoi seguaci sono stati perseguitati, costringendoci a tornare ad adorare di nuovo gli idoli. Quando non abbiamo trovato sicurezza tra di loro, siamo venuti nel tuo regno, confidando che tu ci salvassi da loro".

Quando il re ascoltò il suo discorso, chiese all'inviato di tornare nella loro terra e di non interferire con gli emigranti.

Mentre i suoi seguaci cercavano rifugio in terre straniere, il Profeta continuò la sua predicazione contro la stretta opposizione. Alcuni di loro lo deridevano e chiedevano un segno. Poi il Profeta disse: "Allah$^{(S.W.T)}$ non mi ha mandato a fare miracoli". Mi ha mandato a predicare a voi."

Ma il prete insistente non era d'accordo con lui. Insistevano che se non avessero visto un segno, non avrebbero creduto nel suo Signore. I miscredenti si chiedevano: "Perché non mostra miracoli come i Profeti precedenti?"

"Perché i miracoli si erano rivelati inadeguati a convincere. "rispose il Profeta. "Nuh$^{(A.S)}$ è stato mandato con dei segni, poi cos'è successo? Dov'era la tribù perduta dei Thamud? Si rifiutarono di credere nel Profeta Saleh$^{(A.S)}$, a meno che non mostrassero un segno. Allora il Profeta fece rompere le rocce e fece nascere un cammello vivo. Fece ciò che gli chiesero, poi cosa accadde? Con rabbia, il popolo tagliò le zampe del cammello e ancora una volta sfidò il Profeta ad adempiere alla sua minaccia di giudizio. Alla fine, la mattina dopo, giacevano tutti morti nei loro letti."

Ci sono circa diciassette posti nel Corano in cui il Profeta ha sfidato a mostrare un segno, ma ha dato a tutti loro la stessa risposta. Dopo qualche tempo, i sacerdoti si sono avvicinati di nuovo ad Abu Talib e gli hanno chiesto di abbandonare suo nipote. Ma l'uomo d'onore ha dichiarato la sua intenzione di proteggere il Profeta da qualsiasi danno. I miscredenti continuano a torturare il Profeta e i suoi seguaci ovunque egli vada. Ma il Profeta continuò a predicare al popolo, e guadagnò sempre più seguaci.

LA CONVERSIONE DI UMER(R.A)

L'evento più notevole che accadde in quel periodo fu la conversione di Umer(R.A). Era uno dei più accaniti nemici dell'Islam e del Profeta. Era un aguzzino dei musulmani e tutti lo temevano.

Si dice che un giorno, in preda alla rabbia, Umer decise di uccidere il Profeta e lasciò la sua casa con questa intenzione. Quando si avvicinò alla casa del Profeta, un uomo lo fermò. Quando l'uomo venne a sapere cosa stava facendo Umer, gli disse: "Anche tua sorella e suo marito hanno abbracciato l'Islam". Perché non torni a casa tua e metti le cose in chiaro?".

Umer era furioso nel sentire che sua sorella e suo marito erano diventati musulmani. Cambiò subito direzione e si diresse verso la casa della sorella. Quando si avvicinò alla loro casa, poté sentire il suono del Corano che veniva recitato.

Umer camminava verso la casa e bussava alla porta. Quando la sorella e il marito sentirono bussare alla porta, si affrettarono a nascondere il libro. Umer entrò in casa e chiese di sapere quale fosse il ronzio che aveva sentito. La sorella di Umer rispose che era il suono di loro che si parlavano. Ma Umer conosceva bene il suono del Corano, così chiese loro con rabbia.

"Siete diventati musulmani?"

"Sì, l'abbiamo fatto", rispose il marito della sorella.

Umer era così arrabbiato che lo colpì e quando la sorella cercò di difendere il marito, colpì anche lei. Il sangue cominciava già a sgorgare dal suo viso. La sorella di Umer si alzò e affrontò il fratello arrabbiato dicendo: "Sei un nemico di Dio! Mi hai colpito solo perché credo in Dio. Che ti piaccia o no, io testimonio che non c'è altro dio che Allah e che Muhammad, è il suo schiavo e messaggero. Fate quello che volete!"

Umer ha visto il sangue scorrere sul viso di sua sorella. Le sue parole gli riecheggiarono nelle orecchie. Chiese che gli fossero recitate le parole del Corano che aveva sentito mentre si avvicinava alla casa. La sorella gli chiese di lavarsi e di pulirsi prima di recitare quelle parole. Umer accettò e si lavò e tornò indietro. Quando sua sorella gli recitò le parole del Corano, gli riempì gli occhi di lacrime calde.

"È con questo che ci siamo scontrati?", gridava. "Colui che ha pronunciato queste parole deve essere adorato". "Umer lasciò la casa della sorella e si precipitò dal Messaggero di Allah(P.B.U.H).

Quelli che erano con il Profeta avevano paura di Umer, così hanno cercato di fermarlo.

Il Profeta gli chiese: "Perché sei venuto qui, figlio di Khattab?

Umer affrontò il Profeta con umiltà e gioia e disse: "O Messaggero di Dio! Non sono venuto per nessun motivo se non per dire che credo in Dio e nel suo Messaggero. "Il Profeta fu sopraffatto dalla gioia e gridò che Allah è grande.

La conversione di Umer(R.A) ha avuto un effetto miracoloso sul popolo di Makkah. Sempre più persone ora seguono il Profeta. I miscredenti hanno reso la vita del Profeta ancora più difficile. Hanno imposto un divieto totale di contatto con la famiglia del Profeta. Il Profeta fu costretto a lasciare Makkah a causa del divieto. Durante questo periodo il Profeta e i suoi discepoli rimasero per lo più in casa e l'Islam non fece alcun progresso all'esterno. Durante i mesi sacri, quando la gente non era violenta, il Profeta uscì a predicare. Il divieto nei confronti della famiglia del Profeta fu revocato dopo tre anni ed egli ritornò a Makkah.

L'anno successivo sono morti suo zio Abu Talib(R.A) e sua moglie Khadija(R.A). Il Profeta aveva perso il suo tutore che lo proteggeva dai nemici e Khadija(R.A) era il suo compagno più incoraggiante. Dopo la morte della moglie, il Profeta sposò una donna vedova, Sawda(R.A). Lei e suo marito erano emigrati in Abissinia nei primi anni di persecuzione. Dopo la morte del marito, tornò a Makkah e cercò il rifugio di Prophet. Il Messaggero di Allah(P.B.U.H), riconoscendo i suoi sacrifici per l'Islam, ha esteso il suo rifugio sposandola.

LA NOTTE DEL VIAGGIO – "AL-ASRA"

Una notte tranquilla a Makkah, un anno prima della migrazione a Madina, il Profeta Muhammad(P.B.U.H) stava dormendo quando l'Angelo Jabrael(A.S) gli apparve davanti. Aprì il petto del Profeta, gli tolse il cuore e lo lavò con acqua "Zam Zam". Poi portò un vaso d'oro, contenente saggezza e fede. Svuotò il vaso nel nobile scrigno del Profeta e lo chiuse. Poi il Profeta vide un animale bianco, più piccolo di un cavallo ma più grande di un asino, con le ali ai lati delle zampe posteriori.

Il Profeta montò l'animale e partì per Bait-ul-Maqdas a Gerusalemme. Questa parte del viaggio si chiama "Al-Isra". Dopo aver scontato l'animale, il Profeta entrò nella moschea di Al-Aqsa e pregò. Poi ha visto i suoi predecessori, Musa(A.S), Isa(A.S) e Ibrahim(A.S) davanti a lui. Il Profeta li condusse poi in preghiera. Il Profeta montò di nuovo l'animale e salì verso il cielo. Questo viaggio è conosciuto come 'Al-Mairaj'. Durante il viaggio dal primo al settimo cielo, Angel Jabrael(A.S) portò il Messaggero di Allah(P.B.U.H) a vedere molte scene, tra cui il paradiso e l'inferno. Nel paradiso, ha visto abitazioni fatte di perle e i loro terreni fatti di muschio. Fu anche portato all'Inferno, dove Allah gli rivelò scene del futuro. Vide persone che ricevevano terribili punizioni per diversi peccati. Poi l'angelo condusse il Profeta all'albero di lote. Da questo punto del viaggio, il Profeta Muhammad(P.B.U.H) ascese ulteriormente senza Jabrael(A.S). Sopra il settimo cielo, 'La-Makan' è iniziato dove nessun essere è mai andato. Lì, Allah(S.W.T) parlò direttamente al Profeta Muhammad(P.B.U.H) e gli rivelò gli ultimi versetti di 'Al-Baqara'. È durante questo viaggio miracoloso che Allah(S.W.T) ha dato il dono di 'Salah' al Profeta e ha reso obbligatorie le preghiere quotidiane. Inizialmente, cinquanta preghiere giornaliere sono state rese obbligatorie. Ma quando il Profeta ricevette queste istruzioni da Allah e scese, incontrò Musa(A.S). Il Profeta Musa(A.S) chiese dei doni che Allah gli aveva fatto per la sua "Ummah". Quando il Profeta Muhammad(P.B.U.H) lo informò delle 50 preghiere, il Musa(A.S) disse,

"Il vostro popolo non sarebbe in grado di recitare cinquanta preghiere al giorno. Ho provato il popolo prima di voi. Ho avuto a che fare con i figli di Israele ed è stato molto difficile per me. Torna dal tuo Signore e chiedigli di ridurre il peso sulla tua Ummah".

Il Profeta fece come gli era stato consigliato e tornò ad Allah. Allah lo ridusse a quarantacinque, ma quando venne di nuovo da Musa(A.S), suggerì di tornare al Signore e di chiedere un'ulteriore riduzione per lo stesso motivo. Accadde più volte, e il Profeta continuò ad andare avanti e indietro finché Allah disse: "Ci saranno cinque preghiere ogni giorno, e ognuna sarà ricompensata come dieci, il che equivale a 50 preghiere al giorno".

Il Profeta incontrò di nuovo Musa(A.S) e lo informò delle cinque preghiere quotidiane. Musa(A.S) ripeté che doveva tornare indietro. Tuttavia, il Profeta disse: "Ho chiesto al mio Signore fino a quando non sarò troppo timido per affrontarlo". Accetto questo e mi sottometto a lui".

Il Profeta tornò a casa e trovò il suo letto ancora caldo. Il Messaggero di Allah(P.B.U.H) ha raccontato questo viaggio ai credenti e ha dato loro una buona notizia.

LA HIJRAH VERSO MADINA

L'Islam si stava diffondendo rapidamente nella regione. E per questo motivo i miscredenti erano furiosi. Un giorno i leader decisero di uccidere il Profeta. Fecero un piano, in cui un uomo fu scelto da ciascuna delle loro tribù, e pianificarono di attaccare il Profeta simultaneamente di notte. Allah informò il Profeta dei loro piani quella notte e gli chiese di lasciare immediatamente Makkah.

Il Messaggero di Allah(P.B.U.H) ha lasciato Makkah con Abu Bakr(R.A) nell'oscurità della notte. Andarono a sud di Makkah verso una montagna nella "grotta di Thawr". Dopo essere rimasti lì per tre notti, si sono recati a Madina. Questo è l'inizio di una nuova era nella vita del Messaggero di Allah(P.B.U.H). Questa è conosciuta come 'la Hijrah', che significa la migrazione del Profeta dal Makkah, la sua città natale. Il calendario islamico inizia con questo evento.

Quando i miscredenti hanno saputo di questo, hanno messo una ricompensa di cento cammelli a chi ha catturato il Profeta. Ma nonostante le loro migliori squadre di ricerca, il Profeta arrivò sano e salvo a Madina. Il popolo di Madina ha dato un caloroso benvenuto al Profeta.

Uno dopo l'altro, i credenti di Makkah sono partiti per Madina, lasciando le loro proprietà e le loro case.

Quando il Profeta e il suo popolo si stabilirono a Madina, essa era governata da molte tribù diverse. Queste tribù erano costantemente in lotta tra loro.

Solo quando il Profeta arrivò, ebbero pace l'uno con l'altro. Gli uomini delle tribù dimenticarono le vecchie faide e si unirono nel vincolo dell'Islam. Il Profeta per unire tutti in legami più stretti, stabilì tra loro una fratellanza. Il primo passo che il Profeta fece dopo essersi stabilito a Madina, fu quello di costruire una moschea per l'adorazione di Allah. Poi il Profeta ha fatto uno statuto per far vivere tutti i diversi popoli in modo ordinato, definendo chiaramente i loro diritti e i loro doveri. Questa carta rappresentava il quadro del primo Commonwealth organizzato dal Profeta. Dopo la sua emigrazione a Madina, i nemici dell'Islam hanno aumentato il loro assalto da tutte le parti. La battaglia di Badr e Uhud fu combattuta vicino a Madina.

La fama del Messaggero di Allah[P.B.U.H] si era ormai diffusa in lungo e in largo. Molte delegazioni da tutte le parti dell'Arabia sono venute a visitare il Profeta. Quando hanno appreso gli insegnamenti del Profeta, sono rimasti impressionati e sono diventati seguaci del Profeta. Il Profeta mandò anche molti dei suoi compagni che conoscevano il Corano a memoria in nuove terre. Furono inviati a predicare l'Islam alle persone che vi abitano.

Scrisse anche lettere a diversi re e governanti invitandoli all'Islam. Najashi, il re dell'Abissinia, fu tra i primi re che accettarono l'Islam. Questo fu seguito da molti altri re e governanti.

LA VITTORIA DEL MAKKAH

Circa due anni dopo, alla fine del 629 d.C., i miscredenti violarono i termini e attaccarono i seguaci del Profeta. Gli uomini che riuscirono a fuggire si rifugiarono a Makkah e cercarono l'aiuto del Profeta per salvarsi la vita. Il Profeta ha ricevuto il loro messaggio e ha confermato tutte le notizie dell'attacco. Il Profeta marcia poi verso il Makkah con tremila uomini. Quando arrivò fuori dal Makkah, i suoi seguaci dalle terre vicine si erano già uniti a lui e ora erano più di diecimila persone.

"Tranne quelli che sono pazienti e compiono azioni giuste; quelli avranno il perdono e una grande ricompensa." [Hud 11:11]

Prima di entrare in città, mandò a dire ai cittadini di Makkah che chiunque fosse rimasto nella sua casa o in quella di Abu Sufyan, o nella Kaa'ba, sarebbe stato al sicuro. L'esercito entrò a Makkah senza combattere e il Profeta andò direttamente al Kaa'ba. Ringraziò Allah(S.W.T) per l'ingresso trionfale nella città santa. Poi indicò ogni idolo con un bastone che aveva in mano e disse,

"La verità è venuta e la falsità è svanita. Sicuramente, la falsità è destinata a scomparire!"

E uno dopo l'altro, gli idoli caddero. La Kaa'ba è stata poi ripulita con la rimozione di tutti i trecentosessanta idoli e riportata al suo stato originario.

Il Profeta si fermò allora accanto alla Kaa'ba e disse: "O miscredenti, cosa pensate che stia per fare con voi?"

"Tu sei un nobile, figlio di un nobile fratello".

Il Messaggero di Allah(P.B.U.H) ha perdonato tutti loro dicendo: "Vi tratterò come il Profeta Yusuf(A.S) trattò i suoi fratelli". Non vi è alcun rimprovero nei vostri confronti. Andate a casa vostra e sarete tutti liberi".

Il popolo di Makkah ha accettato l'Islam, compresi i nemici del Profeta. Pochi dei suoi nemici erano fuggiti dalla città quando il Profeta fece il suo ingresso. Ma, quando ricevettero l'assicurazione del Profeta di non subire ritorsioni e di non essere costretti nella religione, tornarono gradualmente a Makkah. Nel giro di un anno, 630 d.C., quasi tutta l'Arabia aveva accettato l'Islam.

Il Profeta compì il suo ultimo pellegrinaggio nel 632 d.C. Circa centotrentamila uomini e donne si recarono in pellegrinaggio con lui quell'anno.

Due mesi dopo, Il Profeta si ammalò e dopo diversi giorni, morì lunedì 12° Rabbi-ul-Awwal, l'undicesimo anno dopo Hijrah a Madina.

Il Profeta Muhammad(P.B.U.H) ha vissuto una vita semplice, austera e modesta. Lui e la sua famiglia erano soliti restare senza un pasto cucinato per giorni, contando solo sui datteri, sul pane secco e sull'acqua. Durante il giorno era l'uomo più impegnato, poiché svolgeva i suoi compiti in molti ruoli contemporaneamente come Capo dello Stato, Presidente della Corte Suprema, Comandante in capo, Arbitro e molti altri. Era l'uomo più devoto anche di notte. Passava da uno a due terzi di ogni notte in meditazione e pregava Allah[S.W.T] per la sua Ummah. Il Profeta possedeva stuoie, coperte, brocche e altre semplici cose, anche quando era il sovrano di tutta l'Arabia.

Il Profeta Muhammad[P.B.U.H] fu sepolto a Madina. Una cupola di colore verde è costruita sopra la tomba del Profeta e lungo di lui si trovano i primi califfi musulmani, Abu Bakr[R.A] e Umer[R.A]. La cupola si trova nell'angolo sud-est di Al-Masjid al-Nabawi (Moschea del Profeta).

Copertina rigida con pagine a Colori Premium

ISBN 978-1-990544-63-7

ISBN 978-1-990544-64-4

ISBN 978-1-990544-65-1

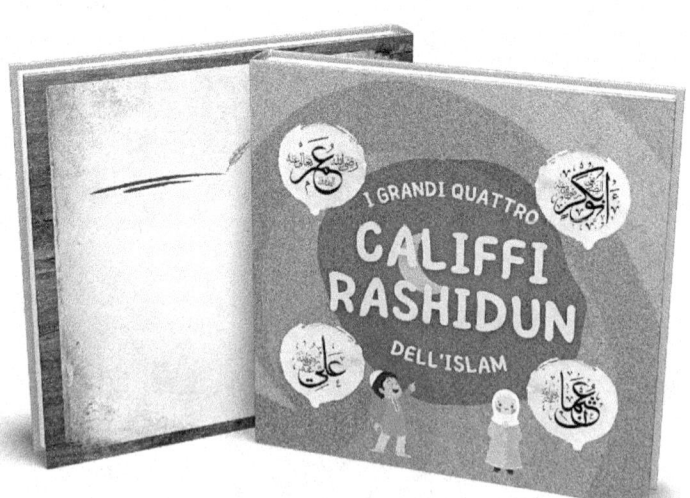

ISBN 978-1-990544-62-0

*Cerca ISBN sul sito del rivenditore

Copertina rigida con pagine a Colori Premium

ISBN 978-1-990544-63-7 Perché Amiamo il nostro Profeta Muhammad ﷺ ?

Questo libro dal bellissimo design diffonde il profumo dell'Amore e della Compassione mostrati dal Santo Profeta ﷺ attraverso i suoi insegnamenti e le sue azioni. La sua misericordia abbraccia tutti, cioè i bambini, i servi, i poveri, gli animali e gli uccelli, e soprattutto la sua Ummah (nazione musulmana).
I bambini impareranno anche ad amare il Messaggero di Allah ﷺ per il suo immenso sacrificio e la sua lotta per la diffusione dell'Islam, e come estendere l'empatia intorno a noi.

ISBN 978-1-990544-64-4 Angeli & Jinn: Loro Chi Sono?

I bambini musulmani si interrogano spesso sul concetto di Angeli e Jinn.
Sono reali o è solo un mito? Quando e perché sono stati creati? Sono più potenti e grandi degli esseri umani? Come possono aiutarci o danneggiarci?
Questo bellissimo libro risponde a tutte le curiosità dei bambini sulla realtà degli Angeli e dei Jinn.
I bambini impareranno le credenze islamiche su di loro ed esploreranno l'universo invisibile di Allah (S.W.T) intorno a noi.

ISBN 978-1-990544-65-1 Che cos'è la Religione?

I bambini musulmani si interrogano spesso sulle religioni nel mondo moderno di oggi.
Quali sono le differenze tra i loro seguaci? Come si sono formati e diffusi? Perché Allah Al-Mighty ha inviato numerosi Profeti e Messaggeri? Qual è l'unicità e l'autenticità dell'Islam e del Profeta Muhammad ﷺ?
Questo bel libro risponde a tutte le curiosità dei bambini sulle varie religioni e aiuta i genitori a spiegare il concetto e l'autenticità dell'ultima vera religione: l'Islam.

ISBN 978-1-990544-62-0 I Grandi Quattro Califfi Rashidun dell'Islam

La storia della vita di quattro grandi Compagni del Profeta Muhammad ﷺ
Questo bellissimo libro spiega ai bambini i grandi insegnamenti del Profeta Muhammad ﷺ ai suoi Compagni (R.A) che hanno completamente trasformato la loro mentalità, e più tardi come hanno implementato questi insegnamenti per ispirare gli amici e i nemici insieme.
Impara come questi quattro califfi ben guidati sono diventati un faro di leadership e hanno creato il concetto di stato sociale per il mondo contemporaneo.

*Cerca ISBN sul sito del rivenditore

www.ingramcontent.com/pod-product-compliance
Lightning Source LLC
Chambersburg PA
CBHW051815290426
43673CB00094BB/211